教师队伍建设——组织部高创计划教学名师项目

冬奥会推动
北京建设世界体育城市研究

李建臣　主编

化学工业出版社

·北京·

《冬奥会推动北京建设世界体育城市研究》从国际大型赛事对于举办地的实证研究、发展战略研究、总结与展望等方面展开理论性的阐述，并针对民众还有些陌生的冰雪运动给出了身体锻炼手段与方法探讨的内容，同时添加了指导视频，通过扫描二维码即可轻松观看。

图书在版编目（CIP）数据

冬奥会推动北京建设世界体育城市研究/李建臣主编. —北京：化学工业出版社，2018.7

ISBN 978-7-122-32196-1

Ⅰ.①冬… Ⅱ.①李… Ⅲ.①冬季奥运会-影响-体育事业-发展-研究-北京 Ⅳ.①G812.71

中国版本图书馆 CIP 数据核字（2018）第 106012 号

责任编辑：宋　薇　　　　装帧设计：张　辉

责任校对：边　涛

出版发行：化学工业出版社（北京市东城区青年湖南街 13 号　邮政编码 100011）

印　　装：三河市双峰印刷装订有限公司

787mm×1092mm　1/16　印张 8　字数 208 千字　　2019 年 1 月北京第 1 版第 1 次印刷

购书咨询：010-64518888　　售后服务：010-64518899

网　　址：http://www.cip.com.cn

凡购买本书，如有缺损质量问题，本社销售中心负责调换。

定　　价：58.00 元

前　言

社会的发展与进步，必定影响着城市的发展与进步。2022 年北京冬奥会的申办成功给北京建设世界体育城市提供了重大契机，也给北京带来了新的发展机遇和挑战。

《中共北京市委关于制定北京市国民经济和社会发展第十三个五年规划的建议》明确提出“到 2020 年，把首都建设成为在国内发挥示范带动作用、在国际上具有重大影响力的著名体育文化中心城市，成为全国体育文化精品创作中心、体育文化创意培育中心、体育文化人才集聚教育中心、体育文化要素配置中心、体育文化信息传播中心、体育文化交流展示中心”的发展目标。北京建设世界体育城市促进加快建成国际一流的和谐宜居之都被明确提到北京城市发展规划之中。以北京 2008 年奥运会圆满成功和 2022 年冬奥会举办权的获得为标志，北京建设世界体育城市发展进入了实质性阶段，冬奥会推动北京建设世界体育城市已经摆在了市政府和全体市民面前。特别是在京津冀协同发展规划正式上升为国家战略的机遇期，借助冬奥会推动北京建设世界体育城市的建设已经成为现实，如何加快北京建成中国特色世界体育城市，这是新时代中央对北京工作的要求和首都人民的新期盼。北京建设世界体育城市，最重要的就是要提升城市体育的发展质量，完善城市体育的服务体系功能，为提高城市居民生活水平的发展提供服务，更好地服务城市社会经济和文化事业的进一步发展。

《冬奥会推动北京建设世界体育城市研究》从冬奥会推动北京建设世界体育城市发展理论、实证、策略和展望等几方面，论述冬奥会推动北京建设世界体育城市的现实性、可行性与重要性。在本书撰写过程中，得到了滨州学院任保国教授、北京联合大学陈思宇博士、首都体育学院研究生李娜娜、崔玉聪等专家学者的大力支持与协助，在此一并表示感谢。

由于作者水平有限，书中若有不妥之处，敬请大家批评指正。

编　者

2018 年 5 月

目 录

第一章 绪 论

21 世纪是世界城市大竞争的时代，国家之间、城市之间的竞争已从经济综合竞争力层面逐步扩大到体育竞争力的层面。目前从美国的纽约、英国的伦敦和日本的东京等世界城市建设来看，城市建设指标已由单一转向多项，其中，体育指标在世界城市建设中的作用越来越重要。根据国外世界城市建设的实践经验证明，在城市的经济力、政治力指数相差无几的情况下，最具竞争意义、发展潜力、时效性的要素往往是城市拥有的体育竞争实力。北京想成为世界体育城市，主要看北京城市的社会综合竞争力和国际影响力，表现为城市的基础设施水平、经济发展水平、社会发展水平、人口数量和质量，特别是与密切相关的体育服务产业、体育旅游产业等，是否均达到世界体育城市建设的水准。北京第 24 届冬奥会的成功申办是一个重大的历史节点，不仅对推动北京建设世界体育城市具有一定的促进作用，而且也促进京津冀协同发展有着强有力的驱动作用。据此，本研究从冬奥会推动北京建设世界体育城市研究的背景出发，探讨冬奥会推动北京建设世界体育城市的目的，分析冬奥会推动北京建设世界体育城市的战略意义、现实意义和历史意义，并通过国内外冬奥会推动北京建设世界体育城市相关研究文献的学术史梳理，在充分掌握国内外研究现状的基础上，探索 2022 年冬奥会推动北京建设世界体育城市研究的发展趋势，以及冬奥会推动北京建设世界体育城市研究对象与方法的选择，提出冬奥会推动北京建设世界体育城市研究的基本思路，构建冬奥会推动北京建设世界体育城市研究的总体框架，为冬奥会推动北京建设世界体育城市的可持续发展提供研究的技术路径，以求达到冬奥会推动北京建设世界体育城市发展研究的科学性、创新性和前瞻性的目标，为北京早日建成世界体育城市促进国际一流的和谐宜居之都建设提供服务。

第一节 研究背景、目的与意义

一、研究背景

《北京城市总体规划（2004—2020 年）》明确提出“到 2020 年，把首都建设成为在国内发挥示范带动作用、在国际上具有重大影响力的著名体育文化中心城市，成为全国体育文化精品创作中心、体育文化创意培育中心、体育文化人才集聚教育中心、体育文化要素配置中心、体育文化信息传播中心”的发展目标。北京建设世界体育城市，促进加快建成国际一流的和谐宜居之都发展的实现被明确提到北京城市发展规划之中。明确提出“到 2020 年，把首都建设成为在国内发挥示范带动作用、在国际上具有重大影响力的著名体育文化中心城市，成为全国体育文化精品创作中心、体育文化创意培育中心、体育文化人才集聚教育中心、体育文化要素配置中心、体育文化信息传播中心、体育文化交流展示中心”的发展目标。建设世界体育城市被明确提到《北京市国民经济和社会发展第十三个五年规划发展纲要》之中。

以 2008 年北京奥运会圆满成功和“北京-张家口”冬奥会的成功申办为标志，北京建设世界体育城市发展又一次进入了实质性的决战阶段，冬奥会推动北京建设世界体育城市，已经历史性地摆在了北京市政府和全市广大市民的面前。以党的十九大提出的推动体育强国建设，广泛开展全民健身活动、推动体育强国建设、办好冬奥会、残奥会战略机遇期，以京津冀协同发展战略引领，借北京和张家口冬奥会举办契机，推动北京建设世界体育城市发展的提速已经成为现实，如何加快冬奥会推动北京建成世界体育城市，不仅是北京政府工作的任务，也是首都人民新期盼。

冬奥会经历了 93 年的发展历程，已经远远超过了单纯冰雪竞技运动的范畴，成为世界冰雪文化的重要组成部分。世界各国充分利用这一国际冰雪赛事的重大舞台，展示举办国家和城市的社会、经济、文化和冰雪体育的综合实力。北京冬奥会的举办再一次给北京提供宣传机会，北京借此机会向世界展示了我国社会、经济、文化和冰雪运动的发展，扩大了世界认识北京的新视野，让世界了解北京 2008 年后城市发展的重大变化，尤其是在筹办和举办冬奥会的过程中，进一步促进和加速北京政治、文化、体育、产业以及城市生态环境的发展，提高城市的综合竞争和国际影响力，是新时代促进北京世界城市建设的加速器。北京冬奥会的举办不仅涉及社会、经济、文化和生态等多个领域，对推动北京建设世界体育城市发展的潜在力和作用巨大。冬奥会推动北京建设世界体育城市的最终发展目标，最重要的就是实现北京建成国际一流和谐宜居之都，为全面实现小康社会作出贡献。

2022 年北京冬奥会在北京和张家口的筹办过程中，也是对举办地北京和张家口城市规划、土地利用、体育场馆建设、冰雪运动资源开发等方面进行重点调整和构建的发展过程。因此，北京建设世界体育城市不仅是北京肩负的国家使命，也是举办 2022 年北京冬奥会实现北京建设国际一流和谐宜居之都的发展目标。北京通过 2022 年冬奥会的筹办，将进一步构建和完善城市体育公共服务保障体系，提高城市体育公共服务体系构建功能的全面释放，推动北京城市体育公共服务质量和水平的提升，为城市居民生活水平和健康水平的提高服务，使冬奥会更好地服务北京城市社会、经济、文化、体育和科技事业等方面的可持续发展，为建设世界体育城市带来动力和活力，加快北京建设中国特色世界体育城市的健康发展，实现国际一流和谐宜居之都建设中体育功能发挥重要的作用。据此本研究以“冬奥会推动北京建设世界体育城市研究”作为主要的突破口，跟踪冬奥会推动北京建设世界体育城市研究的新特点和发展的新趋势，在对冬奥会推动北京建设世界体育城市发展实证调查研究的基础上，提出冬奥会推动北京建设世界体育城市发展的战略，构建出完善的冬奥会推动北京建设世界体育城市的战略体系。其研究成果不仅对加快冬奥会推动北京建设世界体育城市的发展起到积极的促进作用，而且对加快北京建成国际一流和谐宜居之都也将产生重要的影响。

二、研究的目的

“十三五”时期不仅是北京建成国际一流和谐宜居之都重要时期，也是北京市率先全面建成小康社会的决胜阶段，更是加快筹办2022年第24届冬奥会的重要战略机遇。冬奥会推动北京建设世界体育城市发展的信心和决心首先源于筹办和举办冬奥会是我国的一件大事，得到了党和政府的高度重视。在这样的时代背景下，通过冬奥会推动北京建设世界体育城市的研究，其主要的研究目的是：

（1）在理论研究上为冬奥会推动北京建设世界体育城市发展提供创新思路。

（2）在实证研究上为冬奥会推动北京建设世界体育城市提供重要参数。

（3）在学术研究上为冬奥会推动北京建设世界体育城市提出切实可行的发展战略、实现路径和保障体系，保障冬奥会推动北京建设世界体育城市发展目标的实现。

（4）应用价值研究上为北京市有关政府决策部门制订2022年第24届冬奥会推动北京建成世界体育城市政策提供参考，为体育学术界研究冬奥会推动北京建设世界体育城市发展提供借鉴。

（5）在目标研究上为冬奥会推动北京建设世界体育城市促进北京城市文化、社会、经济和体育等要素的国际竞争力，塑造城市国际品牌和树立城市精神文明，提升北京世界体育城市形象，最终实现全面建成小康社会的发展目标。

三、研究的意义

冬奥会不仅是世界上最高水平的冰雪竞技赛事，也是当今世界上发展规模最大时间最长的人类聚会和全球的冰雪文化庆典。2017年1月18日，国家主席习近平在瑞士洛桑会见国际奥委会主席巴赫时指出：筹办北京冬季奥运会是中国今后几年一项重大工作；将以北京2022年冬奥会为契机，在冬奥会筹办之初大力发展竞技体育尤其是冰雪竞技体育，重视冰雪竞技体育发展，提高冰雪竞技水平，同时大力发展全民体育健身，尤其是冰雪健身落后的情况下，大力发展冰雪健身显得尤为重要，实现全面建设小康社会目标。北京市作为2022年冬奥会的主办场，给中国带来的民族精神财富和综合效应是难以用金钱计算的，举办冬奥会在北京社会、经济、文化和安全等方面的作用难以估量。北京举办冬奥会将有助于加快推动北京世界体育城市建设，不仅具有战略的意义和现实意义，而且也具有一定的历史意义，而研究冬奥会推动北京建设世界体育城市的意义显然尤为必要。

（一）冬奥会推动北京建设世界体育城市战略意义

在2004年12月出台的《北京城市总体规划（2004—2020年）》明确提出“到2020年，把首都建设成为在国内发挥示范带动作用、在国际上具有重大影响力的著名体育文化中心城市，成为全国体育文化精品创作中心、体育文化创意培育中心、体育文化人才集聚教育中心、体育文化要素配置中心、体育文化信息传播中心、体育文化交流展示中心”国际体育中心城市建设的发展目标。据此北京建设世界体育城市被明确提到北京城市发展规划之中。冬奥会推动北京建设世界体育城市是促进新时代北京乃至中国体育改革创新发展的重要战略支撑。冬奥会在推动北京建设世界体育城市发展的效应，不仅在推动体育强市和健康强市的发展，还将有利于促进京津冀的协同发展，成为带动京津冀经济、社会、文化和体育事业协同发展的新典范。因此，在冬奥会推动北京建设世界体育城市的发展过程中，应围绕“新北京、新奥运”的战略构想，以创新体制、调整结构、优化环境、全面发展为主题，充分发挥冬奥会推动北京建设世界体育城市对加快北京冰雪运动普及提高的带动作用，补上北京冰雪竞技运动水平不高的短板，勇攀世界冰雪运动高峰；补上群众冰雪运动参与面不够的短板，引领三亿人参与冰雪运动发展目标的实现；补上冰雪运动产业规模不大的短板，加快冰雪运动产业与相关旅游产业深度融合发展，丰富和深化冰雪运动产业内涵，拓宽冰雪运动产业的发展空间，推进冰雪运动产业供给侧结构性改革和冰雪运动产业结构的优化升级；补上冰雪运动设施不健全的短板，同步推进奥运场馆设施和群众冰雪运动场馆设施建设，实现冰雪竞技运动和群众参与冰雪运动的跨越式发展，不仅对提升北京建设世界体育城市的现代化水平具有重要的战略意义，而且也对加快北京副中心城市建设，提升北京建设中国特色世界城市的国际影响力和竞争力具有一定的战略意义。

（二）冬奥会推动北京建设世界体育城市的现实意义

像世界著名的体育城市美国的纽约和英国的伦敦建设的背后，支撑它的是世界经济发展的重心转移。今天我们看到这个历史的轨迹还在往亚洲移动，如 2018 年平昌冬奥运会、2020 年日本东京奥运会、2022 年北京冬奥会。随着北京冬奥会筹办工作的全面铺开，以及世界经济重心向中国聚集，这为北京世界体育城市的建设提供难得的历史性机遇，尤其是城市冰雪体育场馆建设方面发生了巨大的变化。北京联合张家口成功申办、筹办和举办冬奥会不仅涉及冬季竞技体育的发展，冬季体育运动的全民化与社会化的支撑，还包括城市体育的可持续发展。2022 年北京冬奥会又一次让世界的目光聚焦北京，冬奥会促进北京现代化国际大都市建设的重大战略调整为建设世界体育城市提供了新的契机，在北京冬奥会筹办工作全面展开的带动下，尤其是在以系列性、常规性国际体育赛事的成功举办提高了北京体育的国际声誉，市民积极参与北京冬奥会的筹办工作为北京建设世界体育城市提供了重要的基础动力；冬奥会促进北京副中心城市建设为北京成为世界体育城市提供了重要的发展空间，冬奥会促进北京“互联网＋体育”的快速发展有力地推动了北京世界体育城市建设的发展。在 2022 年冬奥会战略目标的引领下，北京将以筹办 2022 年冬奥会为契机，从解决筹办冬奥会最为突出的矛盾入手，在统筹冬奥会推动世界体育城市建设与北京城市规划管理协同发展的目标下，以全面贯彻落实北京市委和市政府《关于全面深化改革提升城市规划建设管理水平的意见京办发〔2016〕38 号》和北京市政府《关于加快冰雪运动发展的意见（2016—2022 年）》等文件的精神为指导，以建成国际一流和谐宜居之都战略定位为发展目标，充分利用举办冬奥会的战略机遇，大力吸引全球体育产业资源，加快促进北京体育产业发展方式的转变，扩大和增强北京在全球体育产业发展中的国际影响力和竞争力，以世界体育城市建设带动北京中国特色世界城市建设的发展，为北京不断朝着建成国际一流的和谐宜居之都的发展目标前进作出新贡献。

（三）冬奥会推动北京建设世界体育城市的历史意义

北京世界体育城市应借助举办冬奥会的战略机遇展现城市魅力，把北京具有的特殊历史体育遗产、体育非物质文化遗产和北京奥运会文化遗产的元素和现代体育文化元素融合根植于冬奥会推动北京建成国际体育中心城市的发展上，从北京的体育人口发展数量、城市健康休闲产业发展空间、城市竞技体育发展规模、城市体育产业经济发展强度、城市社会体育发展的成熟度、体育产业资本市场全球化程度和城市体育发展的国际知名度与国际影响力上，向世界展示北京既是悠久的历史体育文化名城，又是现代化的体育大都市，把这两方面的结合更好地展现给世界。通过举办冬奥会促进北京建成世界体育中心城市，一定要不断满足城市居民日益增长的体育民生需求，加强城市体育消费的公共服务建设，满足城市市民多方面的健身与健康融合发展的需求、为市民体育旅游、冬季旅游、全民健身、休闲娱乐等创造更好的发展环境，到2025年，实现全球著名体育中心城市的建设目标，努力打造世界一流的国际体育赛事之都、国内外重要体育资源的配置中心、充满活力的国际体育科技创新城市，提升北京全球体育城市地位。

第二节　国内外研究的文献综述及发展趋势

一、国内外研究文献综述

（一）国外世界城市建设研究的文献综述

伴随着城市6000多年建设发展的历史，尤其是工业城市建设带来了城市化建设的发展，扩张了城市经济的繁荣和社会的发展，城市的地位和作用大大增强，近代意义上的城市开始形成。国外关于世界城市研究文献的较早，其研究成果颇丰。目前的研究主要有：自1915年，英国人盖德斯在所撰写出版的《进化中的城市》一书中率先提出了“世界城市”这一概念，他将世界城市又称世界级城市。世界城市建设发展的理论框架来自于Friedmann和Sassen的开创性研究，即“经典世界城市理论”。其主要研究理论认为世界城市建设在新国家劳动分工中扮演的角色对城市内部结构变化起到具有决定性的作用，Friedmann和Sassen研究理论强调在世界城市建设的发展过程中不应仅仅从社会生态学角度将城市变化解释为由人口和空间驱动的自然过程，而应将世界城市建设放置在更广阔的全球经济体系框架中，构建世界城市与世界经济发展的直接联系，这不仅是实现世界城市建设的核心基础，也标志着人类社会对世界城市建设研究范式的重大转变。Currid，Elizabeth（2006）通过对纽约等4个世界城市建设理论的竞争分析认为，纽约市如何保持其在世界城市建设中的地位，主要理论解释纽约市的成功最显著的是纽约市具有世界城市指挥和控制中心管理方面的精英，并且是集经济、金融、文化和体育其相关服务于一体的全球中心城市。Rennie Short，John（2000）通过巴塞罗那、北京、哈瓦那、布拉格、西雅图、苏瀑和悉尼城市建设的理论研究，从全球化发展理论的视野提出了拓展世界城市建设的理念。

（二）国外世界体育城市研究的文献综述

Weed，Mike（2005）国际体育赛事和旅游互动发展能够在较长的时间内改变世界体育城市旅游目的地的形象，提升世界体育城市建设的水平。Whitson，Davi（1993）认为大型国际体育赛事对促进城市经济、旅游产业的增长较大，其中，城市基础设施和体育场馆建设的投资对世界体育城市建设的影响效应巨大，显著提升世界体育城市建设的发展速度。Herstein，Ram（2013）通过举办体育赛事对世界体育城市建设影响的研究认为，体育赛事的举办能够带动和增加城市体育人口，致使一个城市向世界体育城市迈进。Hallmann，Kirstin（2015）研究认为21世界经济发展讲求多元化并联合，以城市为中心的经济圈发展是世界各国构建现代城市经济发展模式的主要方式。根据城市地域条件、经济基础、社会背景、人文特征和体育发展水平等不同，体育城市发展类型各有侧重，世界体育城市作为一种特殊的体育城市发展类型受到诸多城市的青睐，像美国的纽约、英国的伦敦、法国的巴黎、日本的东京和中国的北京很明确的将自己的发展路径定位在世界体育建设的类型上。

二、国内相关研究文献综述

（一）国内世界城市研究的文献综述

21 世纪不仅是世界城市发展的世纪，也是世界城市高度化发展的世纪。关于世界城市的研究我国起源于 20 世纪末，主要以上海和北京为对象。在 21 世纪我国学者对世界城市的研究出现了一些创新成果。其重点在世界城市建设发展的理论、实证和战略研究方面进行了提炼，为北京和上海世界城市建设的发展提供了借鉴。

1. 理论研究

周振华（2004）在《世界城市理论与我国现代化国际大都市建设》一文中，从理论的深处提出了我国北京建设世界城市的发展理念。解艳（2014）认为 21 世纪是城市的世纪。以城市为载体，在全球范围内充分流转、合理配置。这些城市成为资源流转和配置的节点，并根据其等级高低、能量大小、辐射范围、联系紧密程度形成了一个多层次的世界城市网络体系。其中，对全球政治、经济、文化事务具有强大控制力和影响力的节点城市就是世界城市。陈婉丽（2017）提出随着世界城市迅速崛起，世界城市网络逐渐形成，人流、物流、资金流、信息流和旅游流等要素在世界城市中的高度集聚。其研究观点主要是从城市旅游产业发展的视角，对推动世界城市建设发展的研究提供了重要的理论基础。

2. 实证研究

尹晨辉（2011）提出北京建设世界城市是一项庞大而复杂的系统工程，涉及经济、政治、文化和体育等多个领域。建设世界体育城市是新时期北京市政府以全球视野、前瞻眼光和历史使命感下提出的城市建设发展的新目标。北京要在世界城市建设的发展过程中，必须以世界城市建设为标杆，特别是在公民道德建设的内涵上要进一步完善，逐步缩小与世界先进城市建设的距离。王玺（2011）认为 2008 年北京奥运之后的北京处于社会经济战略转型的重要机遇期，其建设世界城市提出的发展目标更具有较强的前瞻性、创新性和开放性。尤其是经济开放水平的不断提升是推动北京最终跻身世界城市建设行列的关键因素。张丽梅（2014）的研究认为北京正处于世界城市建设的发展阶段，其北京世界城市建设的文化、科技和旅游等要素聚集力强于经济辐射力的发展能力，但北京建设世界城市的文化、科技和旅游要素聚集力和经济辐射力的总体水平还落后于国际一流世界体育城市。

3. 战略研究

魏开锋（2010）提出了通过建设中关村国家自主创新示范区推动北京世界城市建设发展的战略设想。祝尔娟（2011）认为北京依托首都圈建设世界城市，不仅有利于疏解人口资源环境交通等压力，也有利于增强其城市经济整体实力。并提出了通过推进首都圈建设实现北京建设世界城市的有效途径和现实选择的发展策略。朱竞若（2011）等学者通过研究北京交通治堵方案，提出了促进中国特色世界城市建设的发展路径。刘敬民（2011）提出北京中国特色世界城市应采取和国际体育中心城市建设融合发展的策略，实现北京建设中国特色世界城市的发展目标。李华香（2012）从城市的创新能力和形成的动力因素对北京与上海建设世界城市进行比较分析研究，结果认为，上海相对北京而言，更具有建设世界城市的创新潜力和发展的基础。尽管北京与上海从创新能力来看仍具有较大的差距，但在战略定位、发展目标上应该形成扬长补短、错位发展、齐头并进、健康良性竞争的态势，实现世界城市建设的发展目标。周学政和曲莉（2015）两位学者提出，体育是促进北京建设世界城市发展的名片，2022年冬奥会落户北京，北京应紧紧抓住举办冬奥会的机遇，推动北京世界城市建设发展的发展。

（二）国内世界体育城市研究的文献综述

国内关于世界体育城市的研究起源于2008年北京奥运会的举办，目前国内学者研究北京建设世界体育城市的人数不多，从中国知网查询（2003年1月～2017年6月）有10篇北京关于建设世界体育城市研究论文、1篇博士研究论文、1篇硕士研究论文，这些学者主要从世界体育城市的理论、实证调查、评价和战略等方面进行了大量的研究。

1. 理论研究

刘伟（2003）提出了借助2008年北京举办奥运会的强劲东风，北京打造国际体育中心城市发展的理论。鲍明晓（2010）从理论上阐述了北京建设国际体育中心城市形成的社会背景、内涵、特征等，为北京建成国际体育中心城市提供了重要的理论依据。刘敬民（2011）从全面推进全民健身公共服务体系建设的理念，提出加快北京建设国际体育中心城市发展的理论。王昕昕（2012）提出北京体育赛事发展不仅是推动“奥运城市”发展的需要理论，也是实现北京建设世界体育城市主要途径的发展理论。和立新（2013）对于体育赛事与体育旅游互动下北京的国际体育中心城市构建进行理论与实践进行了研究。研究表明通过对体育赛事城市促进体育旅游服务质量影响因素的分析，得出交通因素、住宿因素、场馆因素和体育赛事因素是影响体育赛事举办城市促进体育旅游服务质量提升的关键因素。和立新（2016）在基于潜变量发展模型的国际体育中心城市构建研究的基础上，提出了体育赛事与旅游融合对推动北京国际体育中心城市构建的发展理论，其研究对冬奥会推动北京建设世界体育城市更具有现实意义和实践价值。

2. 实证调查研究

易剑东（2006）通过调查研究认为北京建设国际体育中心城市战略离不开城市功能的定位。北京通过举办2008年奥运会，将奥运场馆建设、国际重大体育赛事与旅游的互动发展推动北京世界城市建设的国际影响力逐渐提升。鲍明晓（2010）通过对北京建设国际体育中心城市调查的研究认为，北京建设国际体育中心城市与美国的纽约、英国的伦敦、法国的巴黎这样全球公认的国际体育中心城市目前在体育产业、竞技体育水平和体育公共服务等方面还存在一定的差距。宋忠良（2010）指出北京建设国际体育中心城市在竞技体育、体育产业、体育国际化发展水平、体育科技方面还有许多不足之处。尤其在竞技体育方面，北京市国际级健将运动员比例和国际级裁判员数量不多，缺乏后备队伍，在国际重大赛事中获得奖牌数量与质量不高，在高水平训练基地及业余训练方面仍需进一步提高。

3. 评价研究

鲍明晓（2010）提出“北京建设国际体育中心城市”评价标准是，完善的体育设施、活跃的大众体育、高水平的竞技体育、发达的体育产业、丰富有具包容性的体育文化、强势的体育媒体、城市的基础设施水平、经济发展水平、社会发展水平、人口数量和质量，特别是与体育发展密切相关的消费服务业和文化艺术事业发展水平均应达到全球城市或世界城市的基准水平。同时构建出了北京建设国际体育中心城市的4个2级指标和26个3级指标的评价体系。宋忠良（2012）指出“国际体育中心城市”指标体系评价标准是：该城市具有极强的综合实力；经济方面，具有世界中心的地位和国际控制力；全球交通通信网络中处于中心地位；城市形成受其他人文因素的影响，表现出不同的特征。并构建出了由8个1级指标、29个2级指标和69个3级指标所组成的国际体育中心城市的评价指标体系，并运用构建的评价指标体系对北京建设国际体育中心城市现状进行验证。陈林化等学者在“国际体育城市评价指标体系的构建研究”中表明体育城市是一个综合概念，既包括有形的体育设施、球队俱乐部，也包括体育赛事、竞技体育实力、体育产业经济，还包括体育遗产、体育文化以及其他诸多方面。并构建出包括城市综合实力、体育城市综合实力、体育资源及品质、体育产业实力的4个2级指标和34个3级指标体系的国际体育中心城市建设的标准。唐文兵（2014）等学者通过对“美国体育城市”和“世界顶级体育城市”评价标准进行了比较，提出了不同国家体育城市建设的评价标准。提出了国际体育中心城市评价标准涉及体育设施、大众体育竞技体育、体育产业、体育文化，体育媒体等多项指标。

4. 战略研究

杨国威（2003）提出北京要实现创建国际体育中心城市的发展目标，涉及群众体育、竞技体育、体育产业、体育赛事和体育环境等方方面面的发展内容。2008年北京奥运会的举办将为北京创建国际化体育中心城市发展目标的实现带来难得机遇，建议要通过构建具有首都特色、符合国际发展趋势的群众性体育服务体系，以《全民健身计划纲要》为指导，紧紧抓住亲民、便民、利民3个主要基本环节，满足北京城乡居民多样化、多层次和多元化的体育公共服务需求。兴忠（2003）认为北京应借举办2008年奥运会的战略机遇，将北京的体育设施、体育产业以及体育人才等建设再上一个新的台阶。并提出了北京建设国际一流的体育设施、竞赛组织、服务保障和综合环境发展的国际体育中心城市的策略。鲍明晓（2010）提出了转变体育发展模式，推动部门体育向城市体育，“争光”体育向生活方式体育的转型设想，为北京建设国际体育中心城市提供体制和机制保障的发展战略。李颖川（2010）从促进体育事业与体育旅游产业协调发展的新视野，提出了推动北京建设国际体育中心城市的发展策略。张远（2010）从服务首都经济，提升体育产业能力方面提出了加快北京国际化体育中心城市建设的对策。王会寨和卢石（2011）两位学者，从推动体育产业发展，助力文化之都建设的发展策略，提出了加快北京国际体育中心城市建设的路径。李学杰（2012）提出推动体育文化产业融合发展，加快国际体育中心城市建设的发展策略。杨文茹（2014）提出体育赛事与体育旅游互动发展推动北京建设国际体育中心城市协同发展和动力机制构建的策略。邱招义等（2014）分析了北京奥运场馆在建设世界体育城市中的重要作用，提出了北京奥运场馆促进世界体育城市建设的发展对策。孙学才（2017）提出以建设北京国际体育中心城市为支撑，坚持国际标准、通州特色，组织北京城市副中心体育设施规划与建设的发展战略，进一步加快推动世界城市建设的发展，为2022年北京冬奥会的筹办工作和成功举办打下坚实基础。

第三节　研究的发展趋势

一、国内外关于冬奥会促进世界体育城市建设的研究

北京举办冬奥会和建成世界体育城市是北京乃至全国人民的共同期盼。目前国外研究冬奥会《如英国的Fngly Ahe，Chaiken S（2002）美国的Aaker d，Kunar（2004）》和世界

体育城市建设《如美国 Friedmann. J（2003）和英国的 Cursoy. D（2006）》等的文献很多，但国外研究冬奥会促进世界体育城市建设相关的文献较少，仅有《加拿大 Rtichie & Aitken（2002)、英国的 L. Thrston（2002)、新加坡的 John Friedmam（2004)、美国的 Mogridge M J H（2014）》等学者，其中，加拿大的 Rtichie & Aitken（2002）从 1988 年开始对加拿大卡尔加里冬奥会促进卡尔加里体育城市建设与发展的体育赛事、体育旅游、体育产业的互动促进国际体育中心城市建设的有关问题进行了跟踪调查，并提出了利用卡尔加里冬奥会促进卡尔加里国际体育中心城市建设的发展对策，诚望能为促进卡尔加里国际体育中心城市建设发展的研究带来讨论，推动卡尔加里国际体育中心城市建设的健康发展；美国的 John Friedmam（2004）研究认为，盐湖城冬奥会对促进盐湖城体育城市建设与发展的带来重要契机，盐湖城通过冬奥会旅游与体育城市融合建设动力机制的构建，实现了盐湖城体育城市建设的可持续发展，为助推盐湖城冰雪旅游城市国际化发展提供了动力和纽带，成为著名的国际旅游城市。英国的 L. Thrston（2011）的研究认为，随着冬奥会社会、经济和可持续发展理念效应的全面释放，举办冬奥会城市对推动城市体育建设的更新和发展的独特功能更加凸显，特别是冬奥会与旅游的融合对推动举办城市经济发展带来动力，为城市体育建设走向国际化发展提供了动力。

国外学者在冬奥会促进世界体育城市建设领域进行了丰富的理论研究实践和探索，对指导我国研究冬奥会推动北京建设世界体育城市奠定了坚实的基础。但目前我国研究冬奥会推动北京世界体育城市建设的课题、文章和报告的成果较少。仅有以下学者进行了相关研究。徐颖（2015）认为，北京奥运会后，北京市提出了“打造赛事中心和建设国际化体育中心城市”的战略总体目标。在冬奥会即将举办的前提下要实现北京市政府提出北京建设世界体育城市的战略目标，对北京的城市发展与中国的和平崛起具有重要的现实意义和历史意义。她分析了纽约、伦敦、东京城市发展层面上的各自特征，并将北京与现有世界体育城市进行比较研究，认为当前北京与世界体育城市的标准尚有一定差距，但是借助世界经济重心东移、奥运效应等良好机遇，加之冬奥会的申办成功，北京市政府对于冬季项目重视起来，可以合理确定战略目标与发展模式，建设具有自身特色的世界体育城市。周学政和曲莉（2015）两位学者的研究认为，在我国改革开放进入“新常态”的大背景下，北京联合张家口成功申办冬奥会对于北京世界体育城市建设将产生重要的影响，冬奥会的成功举办将又一次推动世界体育城市建设的进一步发展，提升世界体育城市建设的软硬件水平，树立北京良好的世界体育城市建设的国际形象。姚小琳（2016）分析研究了 2002—2022 年举行的 6 届冬季奥运会主办城市体育场馆的规划和利用情况。认为各国举办冬奥会城市的大规模投资和激烈的竞争给城市的建设和发展带来了机遇。同时，研究还认为每个国家冬奥会举办城市在体育场馆规划和利用方面都有其突出的特征。其举办冬奥会城市都将建设重点要放在国家特征，体育场馆规划和建设的实际使用，或紧凑布局以及节能等方面。对于在北京举办的 2022 年冬奥会来说，体育场馆和场馆的规划、赛后利用应注重资源的效率及和城市规划建设相结合，特别是北京应抓住筹办和举办冬奥会的机遇加快世界体育城市建设的发展。

综上所述，国内外学者虽然对世界城市、世界体育城市建设的研究比较早，已有成功的经验和典型案例，但对冬奥会推动北京建成国际体育中心城市迫切需求发展的理论尚无如何构建的研究，急需从理论问题研究作为突破口，深入展开对冬奥会推动北京建成国际体育中心城市发展的理论内涵、影响因素及其形成机理等问题的研究，理清理论研究的问题，服务冬奥会推动北京建成国际体育中心城市的发展。评价是实现冬奥会推动北京建成国际体育中心城市的核心要素，但目前对冬奥会推动北京建成国际体育中心城市评价方面的研究尚不完善，急需制订出评价标准和构建完善的评价指标体系，为冬奥会推动北京建成国际体育中心城市提供科学参数。目前，我国大多数研究者对冬奥会推动北京建成国际体育中心城市战略和保障体系构建的研究关注不够，缺乏冬奥会推动北京建成国际体育中心城市需要的创新战略和保障体系构建的科学依据，现已有的研究难以满足冬奥会推动北京建设世界体育城市的需求。

二、冬奥会推动北京建设世界体育城市研究的发展趋势

北京市“十三五”规划明确提出：在“十三五”期间，北京将深入落实全国政治中心、文化中心、国际交往中心、科技创新中心的首都城市战略定位，全力推进京津冀协同发展。为了实现这一战略目标，北京在“十三五”时期将通过全面加强生态建设、加快实施创新驱动发展、不断提升城市治理能力和着力增加民生福祉等具体措施，逐步建设“绿色、创新、宜居和幸福”之城。在现代社会，冬奥会不仅仅是国际冰雪竞技的舞台，同时也是一个十分复杂的白色经济现象。自从20世纪90年代以来，冬奥会举办城市都把举办冬奥会作为促进城市再造，推动城市冰雪运动、经济、社会、文化等全面发展的重大战略措施，尤其是在推动世界体育城市建设方面实施了全新的冬奥会战略。对于我国的北京来说，冬奥会推动北京建设世界体育城市发展的影响并不是冬奥会的本质特征和功能，只是随着北京城市社会、经济、文化和体育等的发展，冬奥会推动北京建设世界体育城市发展功能才不断地扩大和延伸。因此，冬奥会推动北京建设世界体育城市研究应和《北京市国民经济和社会发展第十三个五年规划纲要》提出全面加强生态建设、加快实施创新驱动发展、不断提升城市治理能力和着力增加民生福祉等具体措施，逐步建设“绿色、创新、宜居和幸福”之城的发展目标相结合。

(1) 冬奥会推动北京建设世界体育城市研究应和深入落实首都世界城市战略定位研究相结合。坚持把落实首都世界城市战略定位作为衡量发展的根本标尺，着力优化提升首都核心功能，在服务国家大局中提高发展水平，使产业布局和发展与城市战略定位相适应、相一致、相协调。因此，冬奥会推动北京建设世界体育城市的研究应为深入落实首都城市战略定位的研究提供科学依据。

(2) 冬奥会推动北京建设世界体育城市研究要和全力推动京津冀协同发展研究相融合。冬奥会推动北京建设世界体育城市研究应紧紧把握北京在京津冀协同发展中的核心地位，充分发挥北京市经济、社会、文化和体育等方面的比较优势，以优势带动示范作用的发挥，以“五位一体”创新合作模式，推动世界体育城市的发展。

(3) 冬奥会推动北京建设世界体育城市研究应和全面加强生态建设，建设绿色之城相融合。冬奥会推动北京建设世界体育城市研究应根据北京提出的坚持节约资源和保护环境的基本国策，坚守城市生态环境保护促进人的生命质量红线、环境质量底线、资源消耗上限，加大城乡、特别是城乡结合部环境污染治理和绿色生态环境建设的力度，根据城市资源环境承载力调节城市规模，使人口经济与资源环境相均衡发展的目标研究一致。

(4) 冬奥会推动北京建设世界体育城市研究应和加快实施创新驱动发展，建设创新之城并举，实现全面建成小康社会发展目标研究相同步。把创新摆在世界城市或世界体育中心城

市融合发展全局的核心位置。最大限度地发挥体育在促进世界城市中的作用。

（5）冬奥会推动北京建设世界体育城市研究应和不断提升城市治理能力，建设宜居之城融于一体，在看问题、看方向、看发展的基础上更加注重发挥法治在世界体育城市建设中的重要作用和地位，提升世界体育城市服务管理水平，为实现宜居之城建设发展目标服务。

（6）冬奥会推动北京建设世界体育城市研究应和着力增进民生福祉、建设幸福之城的融合发展。坚持以人民为中心的发展思想，把增进人民福祉、促进人的全面发展作为发展的出发点和落脚点，充分调动人民群众的积极性、主动性、创造性，让全体市民在共建共享发展中有更多获得感，提升市民的幸福指数。实现北京冬奥申委在递交给国际奥委会的申办报告中做出的明确的承诺："北京将秉持可持续发展的理念，推动冬奥会申办、筹办与城市生态环境改善、经济发展和社会进步紧密结合，让城市发展有力保障举办冬奥会，举办冬奥会加快城市发展，树立奥林匹克运动与城市良性互动、共赢发展的典范。"

第四节　研究对象、方法及研究的基本思路

（一）研究对象

本研究主要以冬奥会推动北京建设世界体育城市作为研究的对象。在研究的过程中，根据研究内容和研究目标、意义和价值，以及评价和战略构建的需求，从不同的研究侧面进行了论证。

（二）研究方法

1. 文献资料法

通过中国知网（CNKL）、维普等网络数字资源以"冬奥会""世界体育城市""世界城市""国际体育中心城市"等检索词检索了1995～2017年7月发表的论文500余篇，参考了与本研究相关的50篇；在国家图书馆、北京体育大学图书馆、北京市图书馆及首都体育学院图书馆查阅与本研究相关的专著50余部，通过文献收集对研究内容的设计、相关概念的界定、观点论证和战略等提供了理论基础与实践的支撑。

2. 实地调查法

课题组根据研究需求，在2016年12月～2017年7月，对北京16个区进行了实地调查，充分了解冬奥会推动北京建设世界体育城市的发展现状。从而提高冬奥会推动北京建设世界体育城市效应的真实性和可靠性。

3. 专家访谈法

邀请北京体育大学邢文华教授、首都体育学院于振峰教授、南京师范大学体育科学学院孙庆祝教授、山东大学体育学院孙晋海教授、河北体育学院张绰庵教授等，召开专题座谈会，就冬奥会推动北京建设世界体育城市有关问题进行深入研讨，在广泛听取诸多专家和学者的意见后，对专家和学者的观点进行梳理，对研究的内容加以充实丰富，对研究的结论和建议予以完善。

4. 数理统计法

运用了SPSS17.0软件对采集的数据进行了处理。

5. 分析归纳法

采用定性与定量分析，归纳和演绎等研究方法，在探讨冬奥会推动北京建设世界体育城

市研究背景、目的和意义的基础上，对国内外冬奥会推动北京建设世界体育城市相关研究文献的学术史进行科学的梳理，并在充分掌握国内外研究现状的前提下，探索2022年冬奥会推动北京建设世界体育城市研究的发展趋势，构建出冬奥会推动北京建设世界体育城市研究的总体框架，通过冬奥会推动北京建设世界体育城市的实证调查研究，查找成功的经验和存在的主要问题，论证冬奥会推动北京建设世界体育城市的效应，提出具有科学性、创新性和前瞻性的冬奥会推动北京建设世界体育城市的发展策略，最后提出冬奥会推动北京建设世界体育城市的发展展望。

（三）研究的基本思路

对举办冬奥会的北京而言，承办冬奥会的目的不仅是提升冰雪运动竞技发展的国际水平和竞争力，同样也是提升北京建设世界体育城市国际水平和竞争力的发展目的。因而研究冬奥会推动北京建设世界体育城市的目的也是如此。基于这样的观点，本研究拟定按照研究述评→理论支撑→实证研究→战略研究的总体思路步步推进设计，采用前瞻性、创新性和可持续发展的研究思路，构建出研究的基本思路，并经过专家和学者的研讨论证，设计出了具体的研究思路（见图1-1）。

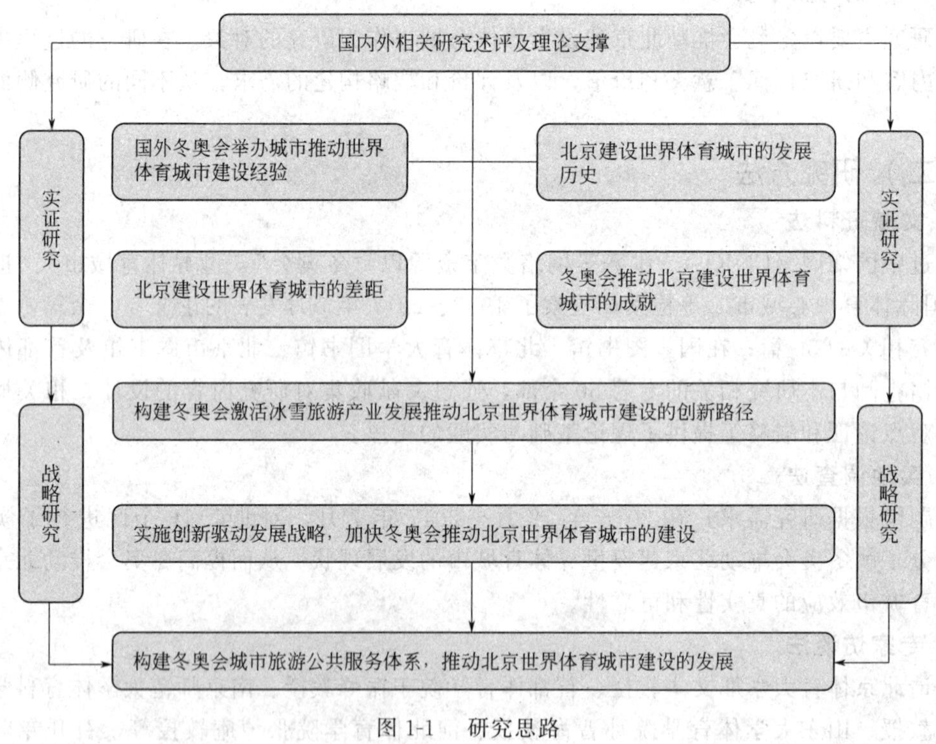

图1-1　研究思路

第五节　研究的特色和创新点

一、学术思想研究的特色和创新点

借北京筹办2022年冬奥会为契机，以《北京城市总体规划（2004—2020年）》提出的北京建成国际体育中心城市的发展目标为依据，提出了冬奥会推动北京建设世界体育城市的“6 大”目标。

（1）逐步扩大北京城市体育人口数量、增加体育人口密度，服务北京世界体育城市建设的快速发展。

（2）以北京实施全民健身计划和“健康中国”建设发展战略推动部门融合发展为目标，全力备战国内重大体育赛事，提升北京体育竞技综合实力；完善青少年体育公共服务，巩固后备体育人才培养；出台配套体育改革创新政策，丰富体育产业形态；改革体育管理体制，打造国际体育赛事品牌；攻坚克难，谋划冰雪运动发展蓝图的 6 大措施为重点，加快推动世界体育城市建设的发展。

（3）构建全方位、立体式、现代化的世界体育城市建设的综合公共交通系统，提升世界体育城市需求的公共交通的国际影响力。

（4）构建京津冀协同发展的冰雪运动、冰雪产业、冰雪旅游，促进全民健身与融合发展的新格局，打造北京世界体育城市冰雪竞技的平台。

（5）建设具有时代特征、中国特色和符合世界体育城市建设需求的体育资本市场金融之都。

（6）形成聚集一定数量的跨国体育公司总部、国际体育组织和具有全球影响力的体育信息化和综合化的服务保障体系，提升北京世界体育城市建设的国际影响力和竞争力，为北京建成国际一流和谐宜居之都提供支持。其研究成果的学术思想具有一定的前瞻性、科学性和可持续性。

二、学术研究的特色和创新点

以国家提出的“坚持绿色办奥、共享办奥、开放办奥、廉洁办奥”的要求为指导，在深入调查冬奥会推动北京建设世界体育城市发展效应的基础上，提出了构建冬奥会促进北京建设世界体育城市的政府保障、法律保障、社会保障、资金保障、人员保障、技术保障的体系，以及政府激励机制、决策机制、监督机制和约束机制的保障体系，保证冬奥会推动北京建设世界体育城市效应功能的释放，实现北京建成世界体育城市促进中国特色世界城市和国际一流的和谐宜居之都建设的发展目标。其学术观点具有原创性、前瞻性和科学性，这不仅是一个在战略研究上的创新，更是一个全新理论与实践创新的尝试和突破。

三、战略研究的特色和创新点

以实施创新驱动发展战略为引领，采用战略移植、战略组合和战略创新的研究思路，提出冬奥会推动北京建设世界体育城市发展战略重要价值，构建出具有时代特征、中国特色和北京特点的冬奥会推动北京建设世界体育城市发展的创新战略，构建创新战略发展新体系，填补冬奥会推动北京建设世界体育城市发展战略研究的不足，更加有效的借北京冬奥会筹办和举办契机，统筹冬奥会筹办总体规划对建设世界体育城市的紧密对接，为冬奥会促进北京建设世界体育城市带来动力和活力，最终实现北京拥有一流的体育设施、一流的体育人才、一流的赛事资源、一流的体育产业，成为具有国际影响力的体育赛事、体育商务、体育科技、体育人才、体育信息交流中心的世界体育城市，这不仅是北京市人民的期盼，也是全国人民的期盼。

四、研究方法的特色和创新点

从系统论视角出发，以建立适合冬奥会促进北京建设世界体育城市为目标的研究创新思路，在研究方法上主要采用实证考察，运用模糊层次评价和“ETR”评价模型对评价指标数据汇总、权重计算、归一化处理、聚集评价指标体系权重的线性关系，对冬奥会促进北京建设世界体育城市进行综合评价，为冬奥会推动北京建设世界体育城市提供定量化的科学参数，实现冬奥会推动北京建设世界体育城市的综合实力，为北京建设国际一流宜居和谐之都作出新的贡献。其研究在国内同类研究中具有明显的领先性、实用性和科学性。

参考文献

[1] 肖焕禹. 上海建设国际知名体育城市研究[J]. 体育科研，2010，31(2)：1-6.

[2] 吕拉昌. 全球城市理论与中国的国际城市建设[J]. 地理科学，2010，27(4)：449-453.

[3] Currid,Elizabeth. New York as a Global Creative Hub：A Competitive Analysis of Four Theories on World Cities[J]. Economic Development Quarterly，2006,20(4)：330-350.

[4] 周振华. 世界城市理论与我国现代化国际大都市建设[J]. 经济学动态，2004，12(4)：30-34.

[5] Weed, Mike. Sports Tourism Theory and Method—Concepts, Issues and Epistemologies[J]. European Sport Management Quarterly Sep,2005,12(5)：229-230.

[6] Whitson，Davi. Becoming a World-Clas City：Hallmark Events and Sport Franchises in the Growth Strategies of Western Canadian Cities[J]. Sociology of Sport Journal,1993,10 (3)：221-223.

[7] Herstein，Ram. Much more than sports：sports events as stimuli for city re-branding. [J]. Journal of Business Strategy，2013,34(2)：38-44.

[8] Hallmann，Kirstin. Perceived Destination Image：An Image Model for a Winter Sports Destination and Its Effect on Intention to Revisit[J]. Journal of Travel Research Jan,2015,54(1)：94-106.

[9] 周振华. 世界城市理论与我国现代化国际大都市建设[J]. 经济学动态，2004，12(4)：30-34.

[10] 解艳. 建设中国特色“世界城市”的可行性研究[D]. 上海：东华大学，2014. 5.

[11] 陈婉丽. 基于旅游发展视角的世界城市研究进展与评述[J]. 首都师范大学学报，2017，32(1)：64-70.

[12] 尹晨辉. 世界城市视野下北京公民道德建设研究[D]. 北京：中国地质大学，2011. 5.

[13] 王玺. 世界城市建设视野下的北京经济开放水平研究[D]. 北京：首都经济贸易大学，2011. 5.

[14] 张丽梅，洪再生，师武军，等. 天津参与北京世界城市建设的战略建议[J]. 城市规划，2014,38(8)：9-13.

[15] 魏开锋. 建设中关村国家自主创新示范区，推动北京世界城市建设[N]. 中国高新技术产业导报，2010-7-21.

[16] 祝尔娟. 世界城市建设与区域发展[J]. 现代城市研究，2011(11)：76-80，85.

[17] 朱竞若，王明浩，余荣华. 北京交通治堵方案公布[J]. 城市轨道交通研究，2011，30(1)：72-74.

[18] 刘敬民. 北京中国特色世界城市和国际体育中心城市建设[J]. 体育文化导刊，2011(4)：1-3.

[19] 李华香. 世界城市建设的比较与反思[J]. 山东师范大学学报，2012，32(1)：115-123.

[20] 周学政，曲莉. 体育在北京建设世界城市过程中的作用[J]. 前线，2015(2)：99-101.

[21] 刘伟. 北京打造国际化体育中心城市[J]. 体育波澜，2003(12)：22-25.

[22] 鲍明晓. 北京建设国际体育中心城市的相关理论问题研究[J]. 上海体育学院学报，2010,34(2)：4-10.

[23] 王昕昕. 世界城市建设背景下的北京体育赛事发展研究[D]. 北京：北京体育大学，2012. 5.

[24] 和立新. 体育赛事与体育旅游互动视角下北京、上海国际体育中心城市构建研究[R]. 北京：全国哲学社会科学规划办公室，2013-02-16.

[25] 和立新，姚路嘉. 基于潜变量发展模型的国际体育中心城市构建研究——以北京、上海体育旅游与体育赛事互动为视角[J]. 北京体育大学学报，2016，39(12)45-48.

[26] 易建东. 国际体育中心城市：大气京城 VS 先锋上海[N]. 体坛周报，2006-03-31.

[27] 宋忠良. 北京建设国际体育中心城市面临的挑战[J]. 城市建设理论研究，2013(29)：11-16.

[28] 宋忠良. 国际体育中心城市评价指标体系理论与实证研究[D]. 福建：福建师范大学，2012. 6.

[29] 陈林化，王跃，李荣，曰，等. 国际体育城市评价指标体系的构建研究[J]. 体育科学，2014，34(6)：34-41.

[30] 唐文兵，姜传银. 中外体育城市评价的对比研究[J]. 武汉体育学院学报，2014，48(5)：26-30.

[31] 杨国威. 北京打造国际化体育中心城市[J]. 体育波澜，2003(10)：22-25.

[32] 兴忠，华山，彦席. 向国际化体育中心城市冲刺[J]. 北京支部生活，2003(11)：40-47.

[33] 李颖川. 北京建设国际体育中心城市的研究[J]. 环球体育市场，2010(6)：10-12.

[34] 张远. 服务首都经济，提升体育产业发展能力，加快北京国际化体育中心城市建设[J]. 环球体育市场，2010(6)：52-53.

[35] 王会寨，卢石. 推动体育产业发展，助力文化之都建设[C]. 2011 北京文化论坛——打造先进文化之都培育创新文化论坛文集，2011. 10.

[36] 李学杰. 推动体育文化产业融合发展，加快体育中心城市建设[J]. 北京投资，2012(11)：64-65.

[37] 杨文茹. 大型体育赛事与体育旅游互动对北京建设国际体育中心城市推动研究[D]. 合肥：安徽师范大学，2014. 6.

[38] 王晓微，于静，邱招义. 奥运场馆赛后利用对北京建设世界体育中心城市影响的研究[J]. 北京体育大学学报，2014，37(11)：43-48.

[39] 孙海光. 城市副中心体育规划编制完成 市体育局副局长率工作组进驻通州[N]. 新京报，2017-02-16.

[40] Fngly Ahe，Chaiken S. Winer Olympic Committee chemischen und biologischen Bekämpfungsmaßnahmen of die Befallsentwicklung von Rübennematoden and den Zuckerrübenertrag[J]. Michae Michael Arndt，Gesunde Pflanzen，2002(4)：123-126.

[41] Aaker d，Kunar. Winer Olympic International Policy-making in sport[J]. International Review for the Sociology of Sport，2004(42)：53-56.

[42] Friedmann. J. Winer Olympic International Games in Salt Lake is City Effekte moderner Verfahren der Bodenbewirtschaftung auf die Aktivität epigäischer Raubarthropoden [J]. Christa Volkmar；Marita Lübke-Al Hussein，2003(2)：65-68.

[43] Cursoy. D. Reseearch onInternational Winer Olympic Ctiy Constructing. Marketing Report torino 2006[EB/OL]. http：//www. olympic. org. 2009.

[44] Rtichie，A. International Olympic Committee. 2002 Marketing Fact File[EB/OL]. http：//www. olympic. org. 2002.

[45] L. Thrston. International Olympic Committee for Host City Contract [EB/OL]. http：//www. olympic. org. 2011.

[46] John Friedmam. Host City Contract for the XXI Olympic Winter Games in the Year 2010[EB/OL]. http：//www. olympic. org. 2014.

[47] Mogridge. Reseearch on Winter Olympic City in the Year 2010[EB/OL]. http：//www. olympic. org. 2016.

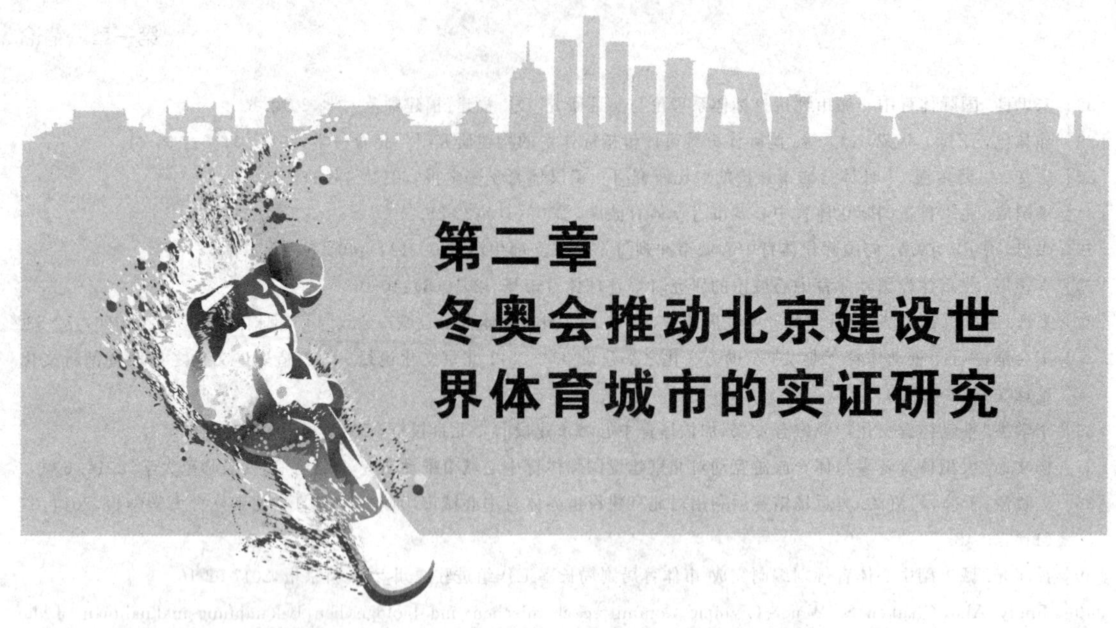

第二章 冬奥会推动北京建设世界体育城市的实证研究

冬奥会是国际奥委会主办的包含多种冰雪运动项目的国际性运动会。随着现代化体育城市建设的快速发展，举办冬奥会促进体育城市建设的发展已经成为不争的事实。目前国际上许多城市都想通过冬奥会的举办促进体育城市的可持续发展，成为著名的世界体育城市。从近几年举办冬奥会城市、日本长野、美国盐湖城、加拿大温哥华和俄罗斯索契等城市的实践经验来看，冬奥会举办城市主要有3个方面的优势：

（1）冬奥会首先是国际奥林匹克委员会主办的世界性冬季项目运动会。

（2）冬奥会必须是聚集国际顶级选手的广泛参加。

（3）冬奥会必须有大量国际媒体深度介入和全球传播。只有同时具备这3个条件的冬奥会城市才能对世界体育城市建设的发展起到重要的拉动作用。

“北京-张家口”冬奥会的成功申办和筹办是推动北京世界体育城市建设的最佳机遇期，为了筹办“北京-张家口”冬奥会，需要在对冬奥会比赛场馆进行大量的投资外，还需要在北京城市的基础设施建设、公共交通、生态环境和冰雪运动普及和提高等方面进行较大的投资。由于我国对冬奥会推动北京建设世界体育城市的研究起步晚，有借鉴的经验成功案例也比较少。因此，本章研究拟通过国外冬奥会举办城市推动世界体育城市建设经验及启示的研究视角入手，在着重探索冬奥会与举办国家经济发展之间的关系基础上，揭示北京申办冬奥会历程及成功获得举办权的主要因素，分析北京冬奥会的成本收益情况，研究北京建设世界体育城市的发展差距，挖掘冬奥会推动北京建设世界体育城市的成就，希望为实现冬奥会推动北京建设世界体育城市研究提供理论借鉴，为研究冬奥会推动北京建设世界体育城市发展战略提供重要参数。

第一节　国外冬奥会举办城市推动世界体育城市建设经验

冬奥会是目前世界上除夏季奥运会之外的跨国、跨意识形态的和平与友谊的国际重大盛会，世界上许多国家和城市都以举办1届冬奥会而感到自豪和幸福，各国也将能为本国的城市争得冬奥会举办权作为显示自身国际地位和国际形象的重要标志。冬奥会为举办国家和城市的社会和经济发展提供了动力，同时也为推动世界体育城市建设的发展提供了新机遇。城市通过举办冬奥会给全世界留下很深的印象，从而得到政府和社会多元化资金的支持，为建成世界体育城市提供了重要的物质保障。

冬奥会不仅是全球最具影响力和参与最广泛的冰雪体育盛宴，也是促进举办国家和城市经济增长的助推器。众所周知，每届冬奥会的举办，在提升举办国家和城市发展的国际影响力和竞争力的同时，也会大幅拉动举办国家和城市经济快速发展，纵观冬奥会发展的历史，不少国家在举办冬奥会之后经济发展迎来了大幅的推动。这充分说明举办冬奥会所带来的不仅仅是对举办国家和城市经济发展的大幅度推动，还带来国际地位的影响力，国家冰雪旅游产业发展等一系列的后续影响效应。由此可见，举办冬奥会对国家和举办城市来说是非常宝贵经济发展机遇。冬奥会已经成为最近 30 年以来推动举办国家和城市经济发展的一种独特的经济现象。冬奥会对举办国家和城市经济的发展越来越产生深远的影响，但就目前来讲这种效应还存在正负两方面，需要辩证地加以分析研究。

（一）冬奥会举办国家经济发展水平是决定冬奥会举办的成功重要因素

1. 历届冬奥会的基本情况

冬奥会是一个全球化的冰雪竞技体育盛会的典型代表。自 1924 年第 1 届法国的夏蒙尼冬奥会至 2022 年第 24 届北京冬奥会，目前已经在 13 个国家的 20 个城市举行（见表 2-1）。

表 2-1　历届冬奥会举办情况一览表

届次	时间	国家	城市	参赛国家(地区)	参赛人数	项目
1	1924-01-25—02-05	法国	夏蒙尼	16	258	4 大,16 小
2	1928-02-11—19	瑞士	圣莫里茨	25	464	4 大,14 小
3	1932-02-04—15	美国	普莱西德湖	17	252	4 大,14 小
4	1936-02-06—16	德国	加米施-帕滕基兴	28	668	4 大,17 小
5	1948-01-30—02-08	瑞士	圣莫里茨	28	669	4 大,22 小
6	1952-02—14-25	挪威	奥斯陆	30	694	4 大,22 小
7	1956-01-26—02-05	意大利	科蒂纳丹佩佐	33	820	4 大,24 小
8	1960-02-18—28	美国	斯阔谷	31	665	4 大,27 小
9	1964-01-29—02-09	奥地利	因斯布鲁克	37	1091	6 大,34 小
10	1968-02-06—18	法国	格勒诺布尔	37	1158	6 大,35 小
11	1972-02-03—13	日本	札幌	35	1006	6 大,35 小
12	1976-02-04—15	奥地利	因斯布鲁克	37	1123	6 大,37 小
13	1980-02-13—24	美国	普莱西德湖	37	1072	6 大,38 小
14	1984-02-08—19	南斯拉夫	萨拉热窝	49	1272	6 大,39 小
15	1988-02-13—28	加拿大	卡尔加里	57	1423	6 大,46 小
16	1992-02-08—23	法国	伯特维尔	64	1801	7 大,57 小
17	1994-02-12—27	挪威	利勒哈默尔	67	1737	6 大,61 小
18	1998-01-07—22	日本	长野	72	2176	6 大,68 小

续表

届次	时间	国家	城市	参赛国家(地区)	参赛人数	项目
19	2002-02-08—24	美国	盐湖城	77	2399	7大,78小
20	2006-02-10—26	意大利	都灵	80	2508	7大,84小
21	2010-02-12—28	加拿大	温哥华	82	2632	7大,86小
22	2014-02-07—23	俄罗斯	索契	88	2856	7大,98小
23	2018-02-09—25	韩国	平昌	92	2922	15大,102小

注：1940年和1944年两届冬季奥运会因第二次世界大战被迫中断。

从表2-1可见，冬奥会从第1届以来，绝大多数是在欧洲、北美和大洋洲的发达和比较发达国家的城市举行。从冬奥会的发展历程看，美国是唯一举办过4届冬奥会的国家，法国是3次举办冬奥会的国家，瑞士和日本是2次举办冬奥会的国家，其中，瑞士圣莫里茨、美国的普莱西德湖和奥地利的因斯布鲁克在同一个城市承办过2次冬奥会国家的城市。中国的北京是唯一一个既举办夏季奥运会，又举办过冬季奥运会的城市。

2. 冬奥会举办国家经济发展水平是决定冬奥会举办是否成功的关键因素

目前一个全世界的共识是承办冬奥会的国家，大都是经济和冰雪竞技体育较为发达和承办能力较强的国家。一个城市能够承办规模巨大的冬奥运会，毕竟说明它已经具有相当强的经济发展能力、冰雪竞技运动国际化水平和承办国际大型冰雪赛事的组织能力。也可以说是一个国家在国际地位、经济规模与发展水平达到较高程度的一个标志。今天，冬奥会不论是从发展规模、运动竞技成绩，还是从发展水平上来看，都已为全球举世所瞩目。冬奥会组织的强大生命力一方面来源于其自身的动态变化，另一方面来源于举办国家的经济规模与发展水平。冬奥会组织能够适应时代经济规律的变化和冬奥会经济环境的要求而变化、调整甚至创新改革，从而使冬奥会自身的适应能力和组织能力不断得到提升。

随着每届冬奥会竞赛项目的充实和调整，竞技规则的修订和创新改革，以及冰雪竞技运动水平的不断提高，冬奥会白色经济将不断推陈与创新，为促进冬奥会的发展带来重要的资金支持。但冬夏奥运会在20世纪70年代，曾一度开始出现衰退的迹象。在1972年美国的艾弗里·布伦戴奇交出象征国际奥委会主席权位的钥匙时，他就告诉他的继任者、爱尔兰人迈克尔·莫里斯·基拉宁："你不大会用到它们，我相信奥林匹克运动撑不了几年了。"实际上，布伦戴奇预言，奥林匹克运动的消亡在基拉宁主席的任期结束前就已经到来。奥运会被认为太过政治化，同时开销太大，因而变得无法继续举办下去。

特别是由于1980年莫斯科夏季奥运会经历了体育史上规模最大的一次抵制，共有包括中国、英国、加拿大、联邦德国、日本在内的65个国家都没有参加这届夏季奥运会。这次奥运会最初的预算是3.1亿美元，但是由于这届奥运会修建体育场馆消耗资金巨大，最终留给莫斯科10亿美元的债务。在1980年美国普莱西德湖举办的冬季奥运会，由于管理原因、资金不足和莫斯科奥运会大抵制所带来的宣传不力，几乎把奥运会推到了破产的边缘（实际上普莱西德湖是唯一一个提出举办1980年冬季奥运会的城市）。随着举办冬夏奥运会的开支越来越大，申请举办奥运会的国家越来越少，到1981年的时候，只有日本的名古屋的一个城市提出了申办1988年夏季奥运会，韩国汉城（现今首尔）是随后提出申办1988年夏季奥运会的城市，最后是韩国汉城获得主办权。当时，国际奥委会自己也危险地到达了濒临破产的境地。在 1980 年西班牙人萨马兰奇当选新 1 届主席时，国际奥委会只有流动资产不足 20 万美元，以及 200 万美元其他资产。

为了摆脱举办冬夏奥运会资金匮乏的困境，1984 年美国洛杉矶夏季奥运会开始了商业化办会的发展模式，洛杉矶奥运会在筹委会主席彼得·尤伯罗思的科学规划下，首次以民间方式承办奥运会，扭转前几届奥运会巨额亏损的情况，以 5 亿美元低成本的投入，最后还获利 2.5 亿美元。洛杉矶奥运会在投资上的成功，也成为以后冬奥会举办国家和城市发展冬奥会白色经济，提升冬奥会举办水平和服务能力的楷模。目前冬奥会主办国家和城市已经开始认识到冬奥会赋予他们的真正潜在利益所在。举办冬奥会，如果举办城市各项工作顺利进行，对于主办城市，这项事业会既节约开支，又能产生强大效果，收获丰盛回报。由此可见，今天的冬奥会可能比历史上的任何其他时期都更为强壮，无论是从冰雪竞技运动上来说，还是从冬奥会白色经济发展上看，美国盐湖城、俄罗斯都要算是冬奥会历史上最为成功的冰雪竞技赛事。对于冬奥会的兴趣，也处在历史上的最高点，电视转播收视人数连创新高，对于未来冬奥会的申办竞争也将会达到白热化的程度。从 1980～2022 年冬奥会举办国家经费投入情况看，举办国家的经济发展规模与水平将是推动冬奥会各项工作发展的重要基础（见表 2-2）。

表 2-2　近 11 届冬奥会举办国家经费投入情况比较

举办届次	13	15	16	17	18	19	20	21	22	23	24
举办年份	1980	1988	1992	1994	1998	2002	2006	2010	2014	2018	2022
举办国家	美国	加拿	法国	挪威	日本	美国	意大利	加拿大	俄罗斯	韩国	中国
经费投入/亿美元	4.79	14	36	17	186	19	27	64	510	19.2	15.6

注：1984 年萨拉热窝冬奥会曾超支 1257%，即使排除通货膨胀的因素，那届在前南斯拉夫举办的冬奥会也超支了 173%，但是其与赛事直接相关的支出仅为 1000 万美元（见表 2-3）。

从表 2-2 可见，在近 11 届冬奥会举办国家经费投入情况比较来看，由于每一个国家的经济发展水平和承办城市的体育场馆、基础设施、公共交通、宾馆住宿接待能力的差距，每个国家对冬奥会的经费投入的不同。以俄罗斯索契、韩国平昌和北京冬奥会为例加以说明。2014 年俄罗斯索契冬奥会政府投入近 510 亿美元（约 15000 亿卢布）的投资举办冬奥会，但根据英国伯明翰大学高级研究员马丁·穆勒的研究证明，索契冬奥会 510 亿美元投入与赛事直接相关的支出为 118 亿美元，还包括用于基础设施建设的开支，索契冬奥会投入上升至 550 亿美元。无论是 510 亿美元，还是 550 亿美元，索契冬奥会的总投入都位居奥运史第 1 位。另外，在一些具体项目上的投入，这届冬奥会也创下了有史以来的最高纪录，索契冬奥会盈利 2.61 亿美元。其俄罗斯索契冬奥会的直接收入源于主要有：电视转播权、赞助商（即奥林匹克 TOP 计划）、国际奥委会特许经营权和门票销售 4 大部分。其中，这届冬奥会以 12.6 亿美元转播权创下了历届冬奥会的最高纪录。本届冬奥会的营销收入也高达 13 亿美元，是 2010 年温哥华冬奥会的 1.5 倍，也成为冬奥会营销收入历史之最。2018 年韩国平昌冬奥会的投资预算为 2.2 万亿韩元（约合 19.2 亿美元），但是随着平韩国平昌冬奥会体育场馆、城市基础设施、城市规划建设的需求，预算资金由 2.2 万亿韩元涨到了目前的 3 万亿韩元（接近 26 亿美元）。韩国平昌冬奥会组委会，面对平昌冬奥会筹备资金短缺的问题，为了保障有足够的资金成功举办好 2018 年平昌冬奥会。目前，韩国平昌冬奥会通过韩国政府的资金补助、奥组委的全球合作伙伴、韩国国内的合作伙伴、冬奥会门票收入和冬奥会吉祥物等特许商品的销售收入等渠道融资获得冬奥会的资金外，还吸引了大量的民间资本。其冬奥会江原道目前的民间投资项目规模已达到 2.6 万亿韩元（约合 148 亿人民币）。如果没有 2018 年韩国平昌冬奥会的影响力，想要吸引到如此大规模的投资实属不易。今后江原道还将继续吸引更多的民间投资，借助冬奥会的东风加速江原道经济的发展，促进江原道特区的冰雪旅游产业、体育健身休闲产业和生态旅游环境的开发建设，加快推动江原道冰雪旅游城市的快速发展。根据韩国平昌冬奥申委数据显示，冬奥会将拉动 20 万亿韩元（约合 1246 亿人民币）以上的产值，并创造 23 万个就业岗位。

2022 年北京冬奥会投资预计为 15.6 亿美元。在这次预算中，政府补贴只占 6%，约 9400 万美元，其他则来自社会投资、国际奥委会、赞助商等。其中 15.6 亿美元的场馆预算中有 65%是企业投入的 3 个赛区的奥运村则是 100%由企业投资。随着电视转播收益大幅增加，让国际奥委会大大增加了对各个国家奥委会以及世界各单项体育运动联合会的资金支持。赞助金额由 1980 年美国普莱西德湖冬奥会时的 5650 万美元，到 2002 年美国盐湖城冬奥会的 8.5 亿美元。温哥华 2010 年冬奥会确定的第一个赞助商将支付 1.5 亿美元，几乎是普莱西德湖冬奥会来自 200 家公司的赞助总额的 3 倍。从源马丁·穆勒《2014 年俄罗斯索契冬奥会的成本与影响》研究的一文中可以看出，每一国家对冬奥会经费与赛事直接相关的支出、每项赛事平均支出、排除通货膨胀因素的超支情况及不排除通货膨胀因素的超支情况也不相同。由于随着冬奥会冰雪运动项目规模的扩大，参赛运动员、裁判员、技术官员、安保人员和工作人员等人数的不断逐渐增加，冬奥会的经费投入与赛事直接相关的支出、每项赛事平均支出也将随之增加（见表 2-3）。

表 2-3　近 10 届冬奥会经费与赛事直接相关的支出等情况比较一览表

届次	年份	举办国家	举办城市	与赛事直接相关的支出/亿美元	每项赛事平均支出/万美元	排除通货膨胀因素的超支情况/%	不排除通货膨胀因素的超支情况/%
13	1980	美国	普莱西德湖	4	1100	321	502
14	1984	南斯拉夫	萨拉热窝	0.1	30	173	1257
15	1988	加拿大	卡尔加里	10	2200	59	131
16	1992	法国	伯特维尔	19	3300	135	169
17	1994	挪威	利勒哈默尔	19	3100	277	347
18	1998	日本	长野	23	3400	56	58
19	2002	美国	盐湖城	23	2900	29	40
20	2006	意大利	都灵	41	4900	82	113
21	2010	加拿大	温哥华	23	2700	17	36
22	2014	俄罗斯	索契	118	12000	171	324

注：资料来源马丁·穆勒《2014 年俄罗斯索契冬奥会的成本与影响》一文。

3. 历年 GDP 前 15 名的国家举办世界大赛的情况

除了夏冬奥运会之外，足球世界杯是另一项顶级国际体育赛事。除了世界大战之外，冬夏奥运会和足球世界杯可谓受关注度最广、参与媒体最多、涉及国家最多的世界竞技体育赛事活动。除印度外，历年 GDP 前 15 名的国家都申办或主办过夏奥会、冬奥会和世界杯，详见表 2-4 所示。

表 2-4 历年 GDP 前 15 名的国家（除印度）举办夏冬奥会和世界杯届次一览表（届）

国家	夏奥会	冬奥会	世界杯	合计
美国	4	4	1	9
中国	1	1	0	2
日本	2	2	0.5	4.5
德国	2	1	2	5
法国	2	3	2	7
英国	3	0	1	4
巴西	1	0	2	3
俄罗斯	1	1	1	3
意大利	1	2	2	5
加拿大	1	2	0	3
澳大利亚	2	0	0	2
西班牙	1	0	1	2
韩国	1	1	0.5	2.5
墨西哥	1	0	1	2

历年来的夏奥会、冬奥会和足球世界杯总共 75 届（29 届＋24 届＋22 届）赛事（含已经确定赛地还未举办的赛事）。就近 20 年来的夏奥会、冬奥会和足球世界杯三大赛事 15 大经济体共举办 53 届，占 70.6%。其余为希腊、芬兰、瑞士、瑞典、挪威、奥地利、阿根廷、南非、卡塔尔、乌拉圭、波黑、智利等国，由此可见我国申办冬奥会的必要性和重要性。

（二）冬奥会举办国家的经济发展走向与冬奥会白色经济息息相关

冬奥会是一个全球化的冰雪竞技体育盛会的典型代表。经济发展水平是指一个国家经济发展的规模、速度和所达到的水准。反映一个国家经济发展水平的常用指标有国民生产总值、国民收入、人均国民收入、经济发展速度和经济增长速度等元素。冬奥会举办国家经济发展水平，反映了冬奥会举办国家的综合经济资源动员能力与抵御经济风险的水平和能力，直接影响到冬奥会能否成功举办以及举办国家冬奥会后促进经济持续发展能力的重要标志。冬奥会白色经济从衰退到兴旺，经历了一个发展的过程。从冬奥会的白色经济发展的角度看，随着每届冬奥会参赛国家及运动员、裁判员、技术官员和工作人员数量的不断增长，将会有更多的人群到达冬奥会的赛事举办地，这对举办国家和城市经济发展的刺激立竿见影，形成显著的冬奥会白色经济。冬奥会白色经济是指在一定时间和空间范围内围绕举办冬奥会所发生的一切直接或者间接的白色经济活动，以及由冬奥会白色经济活动所产生的一切白色经济联系和白色经济效益的总称，是举办国家和城市在筹办、举办冬奥会期间及冬奥会后的一段时间内，充分利用冬奥会白色经济投资创造的商机，借势发展举办国家和城市发展经济的一系列活动。从以往举办冬奥会国家和城市经济发展的实践来看，冬奥会白色经济是多种经济的集合体，冬奥会白色经济是注意力经济，冬奥会由于注意力资源的相对集中而给举办国家和城市带来阶段性加速的发展时期；冬奥会白色经济是品牌经济，通过良好的运作通常能造就一批知名冰雪运动产品和冰雪产业企业品牌；冬奥会白色经济是借势经济，对举办冬奥会国家和城市的经济快速发展将产生巨大的推动作用，带动冬奥会举办国家和城市的经济发展产生类似加速器或催化剂的驱动力。目前，冬奥会白色经济因其特有的聚合、裂变和辐射效应，蕴藏着的巨大白色经济的发展潜力，成为推动国家和城市经济发展的重要载体。据韩国现代经济研究院的报告，平昌冬奥会的举办将给韩国经济带来 21.1 万亿韩元（约合 187 亿美元）的收益，10 年后续效益可达 43.8 万亿韩元（约合 389 亿美元）。

冬奥会不仅具有明显的周期性白色经济特征，也是冬奥会白色经济运行的核心资源，每 4 年举办 1 次、对举办国家的经济发展往往会产生一种阶段性作用。从成功申办到正式举办以至冬奥会后经济、政治、文化等各种效应的延伸，形成一个完整的冬奥会白色经济周期。按照国际经验，一个完整的冬奥会白色经济周期是 10 年，所谓冬奥会白色经济的“7＋3”周期。冬奥会结束后的 3 年，受制于相比于冬奥会筹备建设期以及奥运阶段的投资、消费过度扩张，可能产生房地产闲置、冰雪旅游产业发展不景气等低谷效应。如果在冬奥会年举办国家经济增长强劲，很可能出现冬奥会白色经济与举办国家经济的挤出效应；如果在冬奥会后，随着举办国家经济的衰退，则冬奥会债务的支付会进一步弱化举办国家经济的长期发展。如果冬奥会年经济较强，则举办冬奥会可以改善和提升举办国家经济的持续发展；若冬奥会举办国家在冬奥会后期经济继续保持良好态势，也使债务问题不会成为国家经济发展的巨大包袱。另外，冬奥会举办国家经济与冬奥会白色经济有着正相关关系的先天因素就有人口总量、初始投入和财富水平等，而冬奥会举办国家经济与冬奥会白色经济有着负相关关系的先天因素则有工资水平、资源利用水平和不稳定事件发生率等有直接的相关性。也就是说，对于人口越多的城市而言，冬奥会所能调动的人力资本就越多；财富水平越高的城市，大多是经济结构向经济新常态日趋发展，冬奥会对潜在强大消费能力的挖掘作用就越大；工资水平越高，则意味着冬奥会白色经济的运营成本就越大；资源利用水平越高，则意味着冬奥会资源再配置效应受到的潜在抑制就越大；而不稳定事件发生率越高的城市由于安全隐患的存在会给冬奥会辐射效应、品牌效应、聚合效应的发挥带来负面影响。同时，举办冬奥会城市系统建设又决定了冬奥会场馆赛后利用所处的市场环境。程晓多通过对近 6 届冬奥会举办城市进行聚类的研究成果，判断出了不同冬奥会举办城市系统建设对场馆赛后利用的不同影响。冬奥会举办城市系统建设影响场馆赛后需求的因素主要包括城市的经济总量、消费总量与水平和产业结构等（见表 2-5）。

表 2-5　近 6 届冬奥会举办城市相关资料

届次	年份	国家	城市	GDP/亿美元	城市人口/人	第 3 产业比重/%
17	1994	挪威	阿尔贝维尔	10.3	24,170	60.00
18	1998	日本	长野	110.50	360,000	73.50
19	2002	美国	盐湖城	74.76	178,097	17.30
20	2006	意大利	都灵	32.015	865,263	17.30
21	2010	加拿大	温哥华	154.33	578,000	69.10
22	2014	俄罗斯	索契	29.94	330,000	67.70

纵观 93 年来冬奥会的发展历程，冬奥会的规模、影响力和白色经济效应已经逐渐被全球认可，冬奥会白色经济已经成为促进举办国家经济发展的助推器。俄罗斯索契举办的 2014 年冬奥会被认为是促进举办国家经济发展最成功的一届冬奥会。自 2004 年 7 月 5 国际

奥委会第 119 次全会宣布俄罗斯索契获得 2014 年第 22 届冬奥会举办权后，俄罗斯索契冬奥会经过 7 年的筹办工作，俄罗斯索契冬奥会不仅为了给来自 87 个国家的 5000 名运动员和数 10 万名体育爱好者提供舒适安全的比赛环境，更是使俄罗斯经济发展总量不断提升，人均 GDP 保持在平稳发展的水平上。

（三）举办冬奥会与国家经济的长期发展结合起来

经济长期发展是指经济运行在一定时期内的产出的增加程度。一般用 GDP、国民收入总量、人均量及其增长率来表示。举办冬奥会国家会扩大举办城市对冰雪体育场馆、交通运输基础设施、通信设备、住房和冰雪旅游的需求。如果冬奥会举办国及承办城市的冰雪体育场馆、交通基础设施、通信设施、居住条件与冰雪旅游的完备程度较好，则有利于减少举办国在冬奥会期间的经济建设支出。对于基础条件不完备、面临着比较明显的旧城改造、新区建设、环境治理和安全保障等问题的冬奥会举办国的承办城市来说，举国可顺势将优化城市布局建设与经济的长期发展结合起来，实现双赢的目标。自从 1980 年美国普莱西德湖冬奥会以来，冬奥会开发与城市旧区重建或是新区开发直接相关。冬奥会举办城市利用冬奥会开发投资进行旧城改造在成熟的市场经济较为普遍。相关的典型例子是索契冬奥会。2014 年索契通过冬奥会大规模的交通设施建设（以通往山地滑雪场的道路为例，专门新修了 17 座桥梁、14 条隧道，最长的隧道有 4km，这也是俄罗斯最长的隧道）、社会性基础设施建设（新建了一批疗养院、医院、学校、图书馆、垃圾处理厂和热电厂）及冰雪旅游接待设施的强化（一批现代化的度假村、商店、餐馆和国际连锁酒店的建成使用极大提高了接待能力）等与其他相关产业的融合发展，不仅提升俄罗斯索契城市经济的发展水平，也极大提升了俄罗斯和索契城市的国际影响。

（四）冬奥会遗产不仅丰富，也是无价之宝

2017 年札幌亚冬会紧张激烈而秩序井然的比赛给人留下深刻印象。札幌是一个冬季运动大赛办赛经验丰富的城市，除在 1972 年举办过冬奥会之外，此前还办过两届亚冬会和数量繁多的单项比赛，1972 年冬奥会札幌遗产为札幌开展冰雪运动和冰雪旅游带来发展的机遇，给城市经济发展带来极大的推进。2014 年索契冬奥会的遗产包括：体育场馆、奥运村、冬奥会旅游目的地等。此外，环境保护、教育、公众健康、志愿者、社会包容、文化节等均带来了前所未有的宝贵遗产。由此，冬奥会作为世界顶级体育赛事，不论是即时的经济效益和社会效益，还是长期的有形遗产和无形遗产，均对民生的改善，社会的进步，推动世界体育城市建设的发展带来积极的促进作用。

第二节　北京申办冬奥会历程及成功获得举办权的主要因素

一、北京联合张家口申办冬奥会历程回顾

2014 年 3 月 14 日，国际奥委会在日内瓦官网上宣布，中国北京、波兰克拉科夫、挪威奥斯陆、哈萨克斯坦阿拉木图和乌克兰利沃夫 5 个城市正式申办 2022 年冬奥会。国际奥委会称，当天是递交申办 2022 年冬奥会申请的最后截止日期，这 5 个城市已在 14 日前向国际

奥委会递交了申请。申办材料目前交由国际奥委会指定的一个工作组进行研究，这个工作组将向国际奥委会执委会提交一份报告。国际奥委会执委会将于 2014 年 7 月举行会议确定 2022 年第 24 届的候选城市。2015 年 1 月，申办城市提交最终申办报告，将在 2015 年 7 月 31 日于马来西亚吉隆坡举行的国际奥委会会议上投票产生 2022 年第 24 届冬奥会的最终举办城市。国际奥委会称，冬奥会是规模较大的活动，同时在组织上具有较大复杂性，国际奥委会愿为申办城市提供帮助。一旦 2022 年第 24 届冬奥会举办城市最终确定，国际奥委会将继续帮助该城市奥组委，定期了解冬奥会筹备情况。

2022 年第 24 届“北京-张家口”冬奥会的成功申办是党和国家以及全国人民共同努力的结果。北京联合张家口申办冬奥会的历程见表 2-6。

表 2-6　冬奥申办历程

日期	内容
2013.11.03	中国奥委会正式致函国际奥委会，提名北京市为 2022 年冬奥会的申办城市
2014.03.14	国际奥委会宣布，中国北京、波兰克拉科夫、挪威奥斯陆、哈萨克斯坦阿拉木图和乌克兰利沃夫 5 个城市正式申办 2022 年冬奥会
2014.07.07	国际奥委会宣布，中国北京与挪威奥斯陆、哈萨克斯坦阿拉木图三座城市正式入围 2022 年冬奥会候选城市
2014.08.01	以中国书法“冬”字为创作主体的北京申办 2022 年冬奥会的标识，在北京冬奥申委第一次全体会议上正式亮相
2014.10.01	挪威奥斯陆正式退出申办，候选城市只剩下北京和哈萨克斯坦的阿拉木图
2015.01.06	北京冬奥申委在瑞士洛桑向国际奥委会提交 2022 年冬奥会《申办报告》
2015.03.24-28	国际奥委会评估团来华评估考察
2015.06.01	国际奥委会公布 2022 年冬奥会候选城市《评估报告》
2015.06.09-10	北京冬奥申委赴瑞士洛桑出席 2022 年冬奥会候选城市与国际奥委会委员陈述交流会
2015.07.31	2022 年冬奥会举办城市将于在马来西亚吉隆坡举行的国际奥委会第 128 次全会上揭晓

二、北京申办冬奥会成功的主要因素

2015 年 7 月 31 日，在马来西亚吉隆坡举行的国际奥委会第 128 次全会上，国际奥委会主席巴赫宣布：中国北京获得 2022 年第 24 届冬季奥林匹克运动会主办权。中国北京联合张家口成功获得 2022 年第 24 届冬奥会的申办权，这主要表明与中国的经济实力、奥运会举办经验、冬季运动项目的推广和奥运会可持续发展环保承诺有重要的密切关系，这也是北京成功获得 2022 年冬奥会举办权的 4 大主要因素。

（一）我国经济稳定与实力是获得北京冬奥会举办权的主要因素之一

冬奥会是世界各国共同竞争申报的奥运会。与北京同台竞争 2022 年冬奥会的主要城市除哈萨克斯坦的阿拉木图外，还包括欧洲的奥斯陆、斯德哥尔摩、克拉科夫和利沃夫这 4 个城市。这 4 个申奥城市之所以在中途即被淘汰是因为缺乏国家经济发展能力的支撑，一些城市听到 2014 年索契冬奥会的预算大概为 510 亿美元时，因为自己的国家和城市没有足够的经济实力做保证，难以完成国际奥委会提出的申办冬奥会的重任，甚至自动放弃申请冬奥会的权利。中国的北京与哈萨克斯坦的阿拉木图相比，目前我国经济发展稳定，能为北京举办冬奥会赛事提供强大的经济支撑。哈萨克斯坦的经济收入主要依靠石油资源，但是由于石油价格受到国际社会影响而有很多不稳定因素。因此国际奥委会不愿意将举办冬奥会的重任放到阿拉木图。我国作为全球第2大经济体和新兴超级大国，加之我国新时期外交影响力显然对国际奥委会的吸引力更大。由此可见，国家的经济稳定和实力已经超过其他因素，成为冬奥会举办城市选择的先决条件之一。

（二）北京奥运会赢得国际奥组委的信任是成功获得举办权主要因素之二

自20世纪90年代以来，国际奥委会出台了一系列制度和政策等文件指导冬奥会的申办管理工作。近几年来，国际重要体育赛事举办国不能如期拿出一份令国家奥组委满意的答卷已经闹出了不少笑话。比如，2016年里约热内卢夏季运动会距离召开只剩下1年的时间里，里约却面临着严重的水质污染问题仍然没有得到解决。2018年平昌冬季奥运会在韩举行，但韩国政府面临着不能如期完成体育赛场建设以及国内政治分歧的难题。北京作为2008年夏季奥运会的主办城市，不仅拥有大量2008年夏季奥运会举办的成功经验，而且向国际奥组委兑现了一切承诺。北京联合张家口筹办2022年第24届冬季奥运会，北京将对11个2008年夏季奥运会的赛场进行再利用，包括鸟巢、水立方等，这样就避免了工程延误等问题，对冬奥会的成功举办打下了坚实的基础。

（三）冬季运动项目拥有巨大的市场发展潜力是北京成功获得举办权的主要因素之三

中国“北京-张家口”举办冬季奥运会不仅有强大的经济基础做保障，还能促进广大人民群众对冬季运动项目的喜爱。特别是20多年来，中国冰雪产业从无到有，从起步到加速，从建立冰雪市场到开发冰雪市场，这为成功申办冬奥会打下了良好的基础，从过去20年的滑雪场数量不足10个增加到500多个。“北京-张家口”举办冬奥会能激发国民的冬季运动热情，特别是给国家冰雪产业发展带来新机遇，这能在2025年前为国家创造11.5亿美元的收入和数百万个工作岗位。

（四）高度重视奥运会的环保理念是北京成功获得举办权的主要因素之四

20世纪60年代以来，可持续发展问题日益引起国际社会的高度重视，21世纪初，将可持续发展列为奥林匹克精神的3大内涵之一，自此环保办奥运的理念开始逐渐成为申办冬奥会成功的中心环节和重要标志。最后一个使“北京-张家口”获得冬奥会主办权的原因是中国承诺建设一个更蓝、更绿的北京，这一理念与国际奥委会的主张一致。如北京市原市长王安顺在竞选陈述中提到，2008年北京奥运会举行以后，中国政府采取了众多措施改善环境，其中包括清除了100万台高耗能、高污染的交通工具。而这与国际奥组委主席托马斯·巴赫的“最大限度地减少赛事预算的基础上保护环境”的主张不谋而合。“北京-张家口”举办冬奥会的高度环保办奥运的理念与国际奥委会的主张不谋而合。“北京-张家口”举办冬奥会，特别是在冬奥会的筹办过程中，遵循北京国际奥组委提出的冬奥会可持续发展理念，并结合北京和张家口城市建设的自身特点，尤其是在冬奥会的举办期应采取多种措施以减少冬奥会环境的影响，扩大其社会、经济和生态环境的平衡发展，实现对国际奥组委的承诺，把北京冬奥会办成一届精彩、非凡、卓越的奥运盛会。

第三节　北京冬奥会成本收益分析

随着美国商人尤伯罗斯举办 1980 年 23 届夏季奥运会盈利后，冬夏奥运会被西方企业界被称为露天金矿。由主办冬夏奥运会而引发的经济效应，正在成为冬夏奥运经济发展的加速器。冬夏奥经济影响的评估问题已经成为经济学术界和体育学术界越来越关注的热点。因此，分析研究北京冬奥会的成本收益也是研究冬奥会推动北京建设世界体育城市的一项必不缺少的“功课”，这对于承办城市北京更好地抓住冬奥会的战略机遇，推动北京建设世界体育城市的发展有着重要的意义。根据北京市和张家口举办 2022 年冬奥会的成本分析可以看出，北京奥组委的支出（直接用于冬奥会的支出）、北京市和张家口改善环境及基础设施等方面的投入和隐性的成本和未来潜在的成本压力 3 个方面。另外，根据北京和张家口 2022 年冬奥会的收益分析看，北京奥组委的收益（直接来自冬奥会的收入：门票收入、电视转播权、广告赞助、奥会彩票发行和奥运会纪念品发售等）；北京和张家口举办冬奥会的经济效益；北京和张家口举办冬奥会的社会效益；北京和张家口举办冬奥会促进城市建设的效益；北京和张家口举办冬奥会提升品牌效益等多个方面。2022 年冬奥会举办城市北京和张家口在筹办和举办冬奥会的过程中，都将把冬奥会场馆建设投入与城市改造、环境治理和安全保障结合起来，在促进经济结构优化调整、推动城市经济持续发展的同时，也将对促进我国经济发展新常态起到重要的拉动作用。根据《世界经济展望》报告预测，中国将通过北京冬奥会的成功举办使中国经济在 2016～2024 年间，始终保持在美国之后的全球经济前 2 位，对世界经济增长的贡献率保持在 30％～50％以上，中国经济将是世界经济的重要动力源。由此可见，举办冬奥会很大程度上是基于举办国家和城市经济的发展水平，举办冬奥会可以与国家经济的长期发展结合起来。

第四节　冬奥会对促进北京经济发展影响机制的分析

冬奥会的举办是一件引发全球媒介关注的大事件，同时冬奥会的举办对于北京而言产生将产业巨大的经济影响。从近几届冬奥会举办情况来看，随着冬奥会奥组委的收益（包括门票收入、电视转播权、广告赞助、奥会彩票发行和奥运会纪念品发售等）、冬奥会经济的发展为举办城市经济的发展带来生机与活力。一个城市申办、举办冬奥会的目的之一就是希望通过举办冬奥会来促进举办城市经济可持续发展和居民生活水平的不断提升，实现社会的安定与繁荣。如冬奥会在筹办期不间断的投入，能刺激举办城市经济的可持续发展，满足举办城市发展经济的需求。冬奥会的举办虽然不是所有产业及行业都能直接受益，但冬奥会对各产业的促进既有直接性也有间接性。从一般规律看，对第一产业中的绿色产业和有机食品生产行业有明显带动作用；对第二产业中的建筑产业、建材产业，通讯设备制造产业等拉动作用明显；对第三产业的影响全面而深刻；同时将促进文化、体育、旅游、环保、会展等新兴产业的快速发展，推动房地产产业升温、商贸流通加快、交通运输能力增强。本研究通过查阅大量的文献资料和数据分析，并借鉴其他承办冬奥会城市的经验，认为冬奥会对北京经济发展影响机制包括直接影响、间接影响以及国家政府财政收支和城市的隐形收支。直接影响又包括 GDP 增长率，就业增长率和投资环境改善等方面，间接影响包括提高人力资本和促进区域经济发展等方面（见图 2-1）。

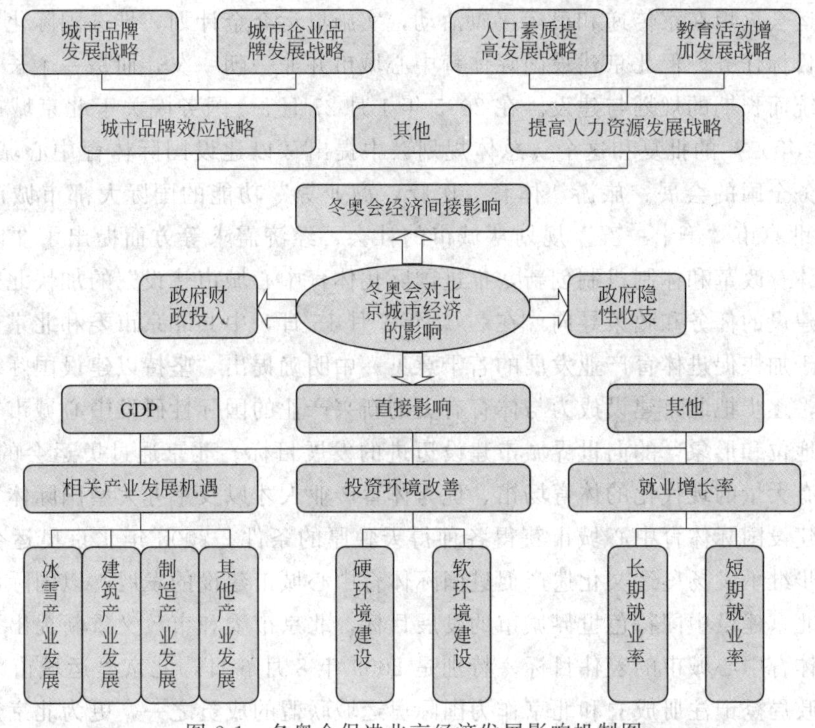

图 2-1　冬奥会促进北京经济发展影响机制图

第五节　北京建设世界体育城市的发展历史

城市让市民更加美好是世界城市建设促进人类文明和社会经济发展到一定阶段的产物。在当今世界城市大竞争的创新时代，国家之间、城市之间的竞争内容，已从单一经济综合竞争力层面逐步扩大到体育竞争力的层面。从 2003 年 7 月，北京市借助成功申办和举办奥运会的有利战略契机，率先提出了把北京建设成为国际体育中心城市的发展战略与实现目标，并通过紧紧抓住筹备采取的 5 大措施（包括群众体育、竞技体育、体育产业、体育赛事和体育环境等方面），把北京建设成为著名的国际化体育中心城市。建设国际体育中心城市是北京为适应建设现代化国际大都市的发展要求，和举办 2008 年奥运会的机遇，北京提出的一个创新性概念。建设国际化体育中心城市的总体目标是：拥有一流的体育设施、一流的体育人才、一流的赛事资源、一流的体育产业，成为具有国际影响力的体育赛事、体育商务、体育科技体育人才、体育信息交流的中心城市。在 2003 年 2 月《北京市政府工作报告》和 7 月《中共北京市委和北京市人民政府关于加强新时期体育工作建设国际化体育中心城市的意见》的两个文件中都将国际体育中心城市建设提到重要的位置。其中，政府工作报告把建设国际体育中心城市纳入 2003 年的主要工作任务，并提出通过大力发展奥运经济对建设国际体育中心城市的作用，塑造北京现代化国际大都市的形象；“借北京奥运会的成功举办，高标准的打造了一流的国际体育场地与设施、一流的体育科技人才、一流的体育休闲产业基地，加强体育城市建设的国际影响力”是中共北京市委和北京市人民政府《关于加强新时期体育工作建设国际化体育中心城市的意见》提出的目标任务。2004 年 2 月，《北京市政府工作报告》明确提出“广泛开展全民健身活动，办好亚洲杯足球赛等重大国际体育赛事，出色完成雅典奥运会火炬在京传递和奥运接旗活动，实施奥运夺金计划，推进国际化体育中心城市建设”的目标任务。但北京建设国际体育中心城市并非一朝一夕，而是一个长期发展的过程，需要系统而长期的规划与建设。在 2005 年 1 月 27 日，《国务院关于北京城市总体规划（2004—2020 年）》的批复和这个《总体规划》中提出“以建设国际体育中心城市为目标，建设具有服务全国的会展、旅游、体育、医疗、商业等”功能的国际大都市城市的发展战略。2005 年北京市“第十一五”规划从城市的社会、经济需求等方面提出了“以奥运会为契机，加快体育改革和体制机制创新，推进国际化体育中心城市建设”的加快北京国际化体育中心城市建设的任务和政策导向。在 2007 年 5 月 15 日，中共北京市委和北京市人民政府颁布的《关于加快促进体育产业发展的若干意见》中明确提出“坚持以建设国际化体育中心城市为目标，逐步把北京建设成为与体育有关的新兴产业的国际性研发中心城市，提升北京城市的国际地位和形象”的向世界城市建设迈进的发展目标。北京通过奥运会的成功举办，使北京市拥有大量的现代化的体育场馆、优秀体育产业人才以及举办大型国际体育赛事的经验，为北京建设国际体育中心城市获得各种得天独厚的条件。2008 年北京奥运会后，北京市为了进一步继承发扬奥运文化遗产促进国际体育中心城市建设的发展，以国际体育中心城市建设带动北京建设中国特色世界城市的发展目标，北京市委和市政又重新提出了建设后奥运时代国际体育中心城市的宏伟目标。特别是 2009 年 8 月 6 日，北京奥运城市发展促进会在北京市民政局登记注册成立和北京作为国际奥运城联盟的成员之一，更为北京建设国际体育中心城市提供了重要保障。2010 年鲍明晓博士提出了北京国际体育中心城市建设的 6 项 1 级指标和 26 项 2 级指标。在 2010 年北京市委和市政府发布的《关于促进体育产业发展的若干意见》中提出“要按照首都经济社会发展的新要求，进一步推动国际体育中心城市建设”的任务。在 2011 年北京市“十二五”规划提出“推广廉洁奥运成功经验，积极争取更多体育赛事在京举办，进一步推进国际体育中心城市建设的目标”。2011 年原北京市副市长刘敬民提出“精心打造国际品牌网球赛事，加快推进国际体育中心城市建设”的发展策略。在 2012 年北京市委和市政府颁布的《关于加快发展体育产业的实施意见》中提出加快建设国际体育中心城市的发展目标，并将体育与文化产业融合作为重要的着力点。2013 年北京市政府工作报告明确提出“加快建设覆盖城乡的全民健身公共服务体系，广泛开展群众体育活动，促进国际体育中心城市建设发展”的新任务。2014 年北京市政府工作报告更加鲜明地提出“积极与河北省协调配合，共同申办第 24 届冬奥会，促进国际体育中心城市建设”的目标任务。2016 年在北京市体育局印发的《关于制订 2017 年北京市举办体育竞赛活动计划的通知》的精神中，明确强调提出通过制订和实施 2017 年北京市举办体育竞赛活动计划，加强政府部门的组织领导，优化项目布局，鼓励社会参与，落实主体责任，努力构建“政府引导、社会参与、市场运作”的发展模式，为进一步强化国际体育中心城市形象，为北京建设国际一流的和谐宜居之都做出积极贡献。2017 年北京市政府办公厅印发的《关于提高北京城市副中心管理水平的意见》中明确提出：加快推进城市副中心体育规划和设施的建设工作，以建设北京国际体育中心城市为支撑，坚持国际标准、通州特色，组织北京城市副中心体育设施规划与建设的发展，为全力做好冬奥会的各项筹办工作做出贡献。特别是随着“一带一路”战略和 2022 年第 24 界冬奥会举办权的获得，使北京与世界体育城市建设的距离空前拉近，北京作为中国城市的国体象征获得了世界性的认同，冬奥会推动北京建设世界体育城市发展的影响效应又在 2008 年夏季奥运会推动北京建设国际体育中心城市发展的良好基础上，实现北京冬奥会对促进世界体育城市建设发展影响效应的回馈。

从冬奥会推动北京建设世界体育城市提升冬奥会城市的体育公共服务的多极化、体育信息网络化和体育文化多元化的发展趋势来看，冬奥会推动北京建设世界体育城市发展的目标是全球战略性体育人力资源、战略性体育场馆和战略性体育产业的控制中心，是全球跨国体育公司的集聚中心、全球重要的体育金融服务中心、全球重要的国际体育赛事中心、全球制性体育产业和高科技结合的体育市场中心，全球体育资本流、体育信息流、体育人才流、体育技术流和体育物流的集散中心，是世界体育文明融合与体育交流的多元体育文化中心城市。冬奥会推动北京建设世界体育城市已经成为现代化城市发展的新目标，冬奥会推动北京建设世界体育城市将逐步成为国际体育活动聚集之都、世界高端体育产业总部之都、世界高端体育人才聚集之都。通过 2022 年冬奥会促进北京建设世界体育城市将进一步提升冬奥会城市社会经济发展效益的扩散，为北京早日建成国际一流和谐宜居之都发展的目标提供支持。

第六节　北京建设世界体育城市的差距

北京举办冬夏奥运会和建设世界体育城市是北京乃至全国人民的共同期盼。北京作为世界上唯一既举办过夏季奥运会又要举办冬季奥运会的城市，北京在成功举办 2008 年奥运会后，事实上已经成为世界体育城市，但与纽约、伦敦、巴黎等全球公认的世界体育城市相比，还存在一定的差距。

一、国际重大体育赛事举办的数量常态化程度低

衡量一座城市是否算是世界体育城市，是否偶尔举办过国际重大体育赛事并非最重要的唯一标准，要看城市是否经常举办高水平的国际重大体育赛事。欧美等国家世界体育城市举办体育赛事呈现以下特点：选择举办以国际顶级为主的高级别赛事；选择深受大众喜爱极具观赏性的赛事项目；体育赛事历史悠久文化内涵丰富；体育赛事市场化运作成熟，体育赛事和当地旅游、餐饮、零售等相关产业结合密切。北京建设世界体育城市，体育赛事既是重要的内容，也是重要的支撑点，对丰富世界体育城市建设具有重要的影响。经过北京 2008 年奥运会的成功举办，北京举办国际重大体育赛事的活动逐步提升，特别是近年来，北京有计划地加大了对国际重大体育赛事申办和举办的力度，对国际重大体育赛事品牌的培育也越来越高度重视。如中国网球公开赛、北京国际马拉松赛、斯诺克中国公开赛、环北京职业公路自行车赛、北京国际铁人三项锦标赛、世界单板滑雪锦标赛、美国篮球职业联赛（北京站）、北京国际山地徒步大会等具有一定的国际影响，这些国际重大体育赛事的举办不仅满足了市民欣赏高水平赛事、欣赏顶级运动员表演的需求，同时也为企业商家提供了一个很好的商业发展平台，对推动北京体育产业的发展、加快北京建设世界体育城市的发展发挥了重要的驱动力作用。但从总体上看，北京在国际重大体育赛事方面才刚刚起步，具有影响力的国际重大体育赛事数量还比较少，国际重大体育赛事的品牌效应还不十分明显，国际重大体育赛事举办的市场化程度也有待于进一步提高，常态化的国际顶级品牌体育赛事数量有限，体育赛事发展存在固定赛事较少、本土化程度不高、品牌竞争力不强和缺少历史文化内涵的差距等。国际重大体育赛事举办的数量、常态化的举办水平和影响力是一个世界体育城市建设中十分重要的衡量指标，北京要想成为世界体育城市必须在这些方面下更大的力气。

(1) 要充分利用 2008 年夏季奥运会举办城市的影响力和夏季奥运会留下来的完善的体育场馆和城市建设的基础设施，在成功申办和筹办 2022 年冬奥会及继续加强同国际体育组织合作的基础上，积极申办和引进国际重大体育赛事，逐步形成国际重大体育赛事举办常态化的城市。

(2) 在引进国际重大体育赛事的同时，积极探索赛事本土化的有效途径和发展模式，注重国际重大体育赛事文化环境的营造，把引进国际重大体育赛事办成国际一流品牌体育赛事，把临时国际重大体育赛事办成长效品牌体育赛事，进一步提高北京体育赛事品牌的国际影响力和竞争力，为北京建设世界体育城市的发展作出贡献。

二、竞技体育长远规划完全落实很难，冬季运动竞技市场有待开发

北京在竞技体育领域做了很多规划，但是很多难以实现，因为整个竞技体育领域规划落地体系没有健全。例如，北京市《体育事业“十一五”发展规划》和《体育事业“十二五”发展规划》都明确提出了田径、游泳和体操等进入世界级高水平的发展，但直到现在也未能实现。目前北京市在田径、游泳、体操和冰雪等基础大项仍然薄弱，体育俱乐部和竞技体育明星依旧有限，特别是“三大球”等集体球类项目和冬季运动竞技市场竞争实力有待进一步加强。目前，北京从事和参与冰雪运动的人数不足，尤其是为冰雪运动开展各项服务保障的工作人员的素质低。提高北京市冰雪运动竞技水平，进一步优化北京市冰雪运动竞技项目布局，以《2022 年北京冬季奥运会备战工作计划》、《冬季项目竞技体育后备人才中长期规划》为引领，逐步完善北京市冰雪运动后备人才培养体系，打通冰雪运动项目后备人才的培养渠道，为北京 2022 年冬奥会和冰雪体育产业输送人才，为北京体育产业发展服务，助力北京世界体育城市建设的发展。

三、体育国际化发展水平较低

体育国际化发展水平是衡量一个城市世界体育城市建设的重要标准。目前北京在体育国际化发展方面缺乏对世界多元体育文化的展示和体验空间，表现在北京体育的国际影响力以及国际交流交往水平不高，与北京提出到 2020 年世界体育城市发展的目标甚远，尤其是在体育信息国际中心、体育文化创意产业国际中心、体育文化人才集聚教育国际中心、体育文化要素配置国际中心、体育文化信息传播国际中心、体育文化交流展示国际中心等建设方面，还没有形成高度开放、国际化、对全球体育事务具有调控力的区域节点城市，具有国际影响力的本土体育媒体不足，没有形成如美国三大广播公司、《泰晤士报》《卫报》等在国际体坛具有广泛影响力的评论权、舆论引导权的强势媒体。另外北京拥有国际体育组织总部个数、体育类上市公司数量、体育产业金融公司数量、高校在校留学生数量较少和国际品牌体育赛事组织存在瓶颈等，影响了北京世界体育城市建设的快速。

四、后备体育人才培养激励机制不健全

后备体育人才是北京建设世界体育城市发展的重要指标。尽管在北京 2008 年举办奥运会后，给北京留下大量体育场馆、优秀人才以及举办大型赛事的经验等各种得天独厚的条件，为北京建成世界体育城市打下了坚实的基础。但由于北京后备体育人才培养机制不灵活，缺乏优秀后备体育人才队伍，造成高水平竞技体育后备人才和教练员存在结构性短缺。

培养后备体育优秀人才的“4级训练体制”链条长、模式单一的现状仍然没有改变，体教深度融合发展的长效保障体系和运行机制的构建不够完善，造成竞技体育后备人才数量和质量在持续下降，国际级健将运动员比例数量不多，特别是在重大国际体育赛事中获得奖牌数量与质量不高，尤其在高水平训练基地及业余训练方面的科技创新、人才培养机制的建立和教练员队伍的建设等仍需进一步提高。

五、城市体育公共空间供给不足，公共体育设施无法满足市民的多元化体育健身需求

截止到2013年年底，北京人均的绿地面积是12m²，与国外发达城市虽有差距，但差距不如体育场馆大。北京市人均体育场地面积仅为1.6m²，由于近年来北京城市人口的快速增长，而人均体育场地面积却比2010年下降了3.8%。尽管2008年北京奥运会的举办新建和扩建了一些大型体育场馆，但像鸟巢、水立方等这些高端体育场馆基本用于比赛与训练外，体育场馆的公共资源相对市民公共体育服务需求明显欠缺。由于体育场地设施人均数量仍然偏低，体育场馆基础设施结构布局不合理，“北重南轻”的布局没有实质性改变，老城区社区周边的健身场地不足，个别区尚未建成体育场，不能满足群众日益增长的健身需求。学校和社会单位的体育设施对外开放的责任主体不明确，缺乏体育场地设施开放的积极性、创新性和时效性实施措施，覆盖城乡社区的公共体育设施相对不足，尤其是市民喜闻乐见的体育项目场地相对匮乏，体育人口比例及体育组织社会化程度较低。

六、体育科技投入研究经费比低

体育科技投入研究经费是促进北京世界体育城市建设研究的重要保障，但目前北京在体育科技方面的投入研究经费不够充足，在读的体育研究生和博士生人数比例不高，获得国家级以上奖励的成功较少。体育集群创新企业数量、质量和整体实力明显不够，体育产业资本市场整体实力不强，在体育产业创新企业中还没有处于绝对领先地位的体育产业集团和上市公司，年经营收入超亿元的体育企业更少。尤其是对冬奥会推动北京世界体育城市建设的“产学研”经费投入更低，造成冬奥会推动北京世界体育城市建设研究成果转化为产业化的程度较低，体育科技创新服务消费动力不足，不仅离全国体育科技创新体育中心城市建设的发展目标还有一定差距，而且与世界体育城市建设研究需求的科技经费的投入相差甚远。面对北京“十三五”时期加快建设世界体育城市、世界特色城市、国际一流和谐之都冲刺的关键时期，北京应借冬奥会战略的发展目标，立足国家战略，准确把握冬奥会推动北京建设世界体育城市的自身阶段性特征，率先走出一条北京建设建设世界体育城市、世界特色城市、国际一流和谐之都的科学发展之路，引领中国现代化城市的发展。

七、体育产业发展潜力挖掘不够

体育产业是生态产业，既具有低碳、绿色和系统循环的特点，发展体育产业对推动北京建设世界体育城市的作用巨大。由于体育产业结构较为复杂，涉及体育产业区域结构和相关产业的结构等。尽管北京市体育产业在结构调整优化方面有所提升，但从体育产业发展的总体规模上来看，体育产业的发展与美国的纽约、英国的伦敦和法国的巴黎等世界体育城市还有一定的差距，主要表现在体育产业经营单位整体实力不强，体育服务业消费动力不足，促

进体育产业发展的政策体系构建的不完善，体育产业融合发展持续力不强，各项体育产业创新机制障碍有待突破，体育产业创新缺乏市场活力的政策和制度环境，政府对体育产业的投入有限，体育产业信息和知识意识淡薄，高层次创新型体育产业专业人才匮乏，对体育产业发展的研究和应用不够。更缺乏国际知名的上市体育企业，体育产业资本市场体系构建需要加强。

第七节　冬奥会推动北京建设世界体育城市的成就

一、具有国际影响力的体育赛事品牌连续成功举办

2008 年北京成功举办了一届有特色、高水平的奥运会、残奥会，不仅赢得了全世界高度赞誉，国际影响力显著提升，为北京建设世界体育城市打下了良好的基础，同时，也向世界展示了北京市已经具备了一定的生态环境、地理空间位置、现代交通运输系统以及吃、住行等举办大型体育赛事与旅游互动发展促进世界体育城市建设的基本条件。特别是北京奥运会后，北京不断扩大了体育赛事的国际影响力和知名度。自 2009 年起，随着北京体育改革创新的不断发展，呈现出了一些高端体育赛事延续北京 2008 年夏季奥运会的质量和竞技水平。其中，北京国际马拉松赛、中国网球公开赛、北京国际马拉松赛、斯诺克中国公开赛、环北京职业公路自行车赛、北京国际铁人三项锦标赛、世界单板滑雪锦标赛、美国篮球职业联赛（北京站）、北京国际山地徒步大会逐步拓宽了城市体育赛事与旅游融合互动发展的空间，促进了北京世界体育城市建设的跨越式发展。并且随着一年一度的安利纽崔莱北京国际长跑节、北京马拉松、中国网球公开赛、斯诺克中国公开赛、NBA 中国赛、意大利超级杯足球赛等赛事的连续成功举办。目前北京已初步形成了具有国际影响力和可持续发展前景的赛事品牌“集团军”，形成了既有顶尖国际体育赛事和世界级运动员亮相北京巅峰对决，又有普通体育爱好者欢聚一堂切磋技艺的多元化精品体育赛事的新格局。根据 2016 年人民体育、人民网舆情监测室联合发布的“2015 最具影响力马拉松赛事排行榜”数据显示。根据舆情热度、赛事级别、赛事设置、奖金设置、参与程度及专业性等 6 大项指标评分后，北京马拉松名列厦门国际马拉松和上海国际马拉松位三甲之首。

北京培育具有国际影响力和竞争力的体育品牌赛事，是建设世界体育城市的重要内容。大型国际体育赛事对城市体育发展的促进作用已经被广泛证实，举办具有国际影响力的体育赛事品牌不但有助于加快体育产业的发展、促进区域经济的持续增长，也有助于提升包括市民文明素质和城市文明程度在内的软实力提升的同时，更加有助于塑造和展示城市建设的自身特色形象，提高世界体育城市的国际影响力和竞争力。近年近来，世界各主要国际大都市都非常重视大型体育赛事，在提升世界体育城市建设竞争力方面的积极作用，许多借助成功举办大型国际体育赛事推动世界体育城市发展的生动实例告诉我们，大型国际体育赛事正在成为世界体育城市建设魅力再造和活力重生的强劲的引擎。冬夏两季奥运会的举办越来越受到世界各国城市的广泛关注，这就充分证明了举办具有国际影响力的体育赛事促进世界体育城市建设效应的不争事实。在北京联合张家口成功获得 2022 年第 24 届冬奥运会举办权的动力驱动下，北京承办的国际大型体育赛事将逐步曾多，在从 2015 年起每年举办国际马拉松赛、中国网球公开赛、环北京职业公路自行车赛等多项大型国际体育赛事的同时，2019 年男篮世界杯也落户于北京。随着 2017 年世界女子冰壶锦标赛、大陆冰球联赛北京主场比赛、

沸雪世界单板滑雪赛、中国杯世界花样滑冰大奖赛、冰上雅姿盛典等冰雪赛事、2017TNF100北京国际越野跑挑战赛、2017北京国际长跑节、2012～2017年国际体育舞蹈赛等10多项国际体育赛事的举办，北京将并逐步加大国际重大体育赛事与旅游互动发展的投资力度，促进北京世界体育城市建设的快速发展。

二、体育产业市场结构转型升级的加快

在当今产业的发展中体育产业已经占据重要的地位。近年来，北京市体育产业发展规模稳步增长、发展质量不断提升。从2011年到2013年，体育产业增加值年均增幅14.5%，总收入年均增幅16.8%，从业人数年均增幅5.6%。2013年，全市体育产业实现总收入864.3亿元，从业人数达到13.2万人。其中体育服务业收入达到299.4亿，占体育产业总收入的比重为34.7%；体育服务业从业人数7.4万人，占体育产业总从业人数的比重为46.1%。2015年7月9日，北京市《关于加快发展体育产业促进体育消费的实施意见》中明确提出，到2025年，基本建成符合首都城市战略定位的体育产业体系，全市体育产业总规模超过3000亿元，实现增加值500亿元左右；体育服务业增加值占体育产业增加值的比重达到70%以上。组建一批集团化、连锁化的大型体育服务企业，培育3～5家国内一流、国际知名的上市体育企业，不断丰富体育产品和服务供给。市民体育健身和消费意识显著增强，人均体育消费支出明显提高，经常参加体育锻炼的人数占总人口比例达到50%以上，体育公共服务基本覆盖全体市民。伴随着北京体育产业体制机制改革与创新的发展，体育产业市场取得了举世目睹的成就，体育产业的法制化、制度化、市场化、国际化运营程度大幅度提升，逐步缩小了与其他产业之间的差距，体育产业服务社会经济发展的能力显著提升。特别是2008年夏季奥运会的成功举办对北京体育产业的发展产生巨大的影响。在“十二五”期间，北京体育产业的发展已经形成了从上游体育竞技、竞赛表演和健身，到中游体育用品、体育传媒再到下游体育衍生品的完整体育产业链，涉及多方面经济活动及相关商业服务，体育产业市场潜力发展巨大，充分发挥了体育产业创新规模层面的优势，较快速的完成了体育产业集聚创新规模扩张，已经形成了相当大的体育产业市场规模（见图2-2）。

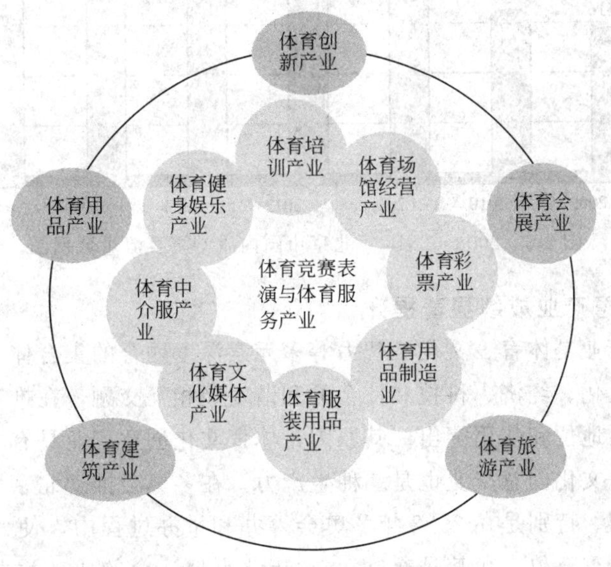

图2-2　北京体育产业市场结构图

北京冬奥会为北京市体育产业的发展迎来新机遇。北京市体育局、首都体育学院和社科文献出版社共同主办的北京体育蓝皮书《北京体育产业发展报告（2015—2016 年）》发布会公布的数据显示，北京市体育产业在国家和北京政府体育产业发展政策的扶持下，以及在多元的产业环境发展的影响下，体育产业实现了量质齐升，体育产业发展规模稳步扩大，结构进一步优化提升。

1. **体育旅游产业的影响力显著提升**

北京在成功申办冬奥会和筹办冬奥会的过程中，不仅体现在推动城市交通状况的改善(包括便捷抵达旅游目的地、到达比赛现场和找到旅店)，游客住宿条件的提升（包括住宿的环境、服务质量及性价比），体育场馆设施的完善（包括场馆的环境、服务质量和性价比）和体育赛事的增多等方面。与此同时，北京体育旅游产业的发展也来自成功申办冬奥会和筹办冬奥会过程中形成了繁荣发展的新局面。如北京借筹办 2022 年冬奥会的机遇，在市区内开展以“一核（即东城、西城两区）一轴（古都文化旅游中轴）、两带（永定河生态休闲带和长城文化旅游带）十二板块”为布局的奥运城市文化体育旅游产业综合项目的设置，在突破北京奥运场馆赛后利用单一功能的基础上，向奥运场馆旅游、承接体育赛事、举办演出休闲活动、市民娱乐健身等综合型转变，打造特色冰雪文化旅游产业项目，让北京特色冰雪文化旅游产业项目发挥出应有的服务功能和经济效应功能，实现冬奥会推动北京世界体育城市建设引领我国城市体育旅游产业发展新局面。如以“水立方”引领冬夏奥运场馆转型的体育旅游产业核心项目就给游客带来身心愉悦的体验。尤其是在“水立方”创造众多水上运动奇迹后，又推出了大型水景声光音乐会《梦幻水立方》的文化体育旅游新体验类型旅游特色项目，并通过深度挖掘冬夏奥运场馆等类型的冰雪运动旅游内涵的冰雪旅游目的地，使北京旅游的客流量也在逐年增加。根据相关机构统计数据显示，从 2008～2018 年北京市国内旅游游客流量数看，参与体育旅游客源的数量逐年增加更加明显（见图 2-3）。

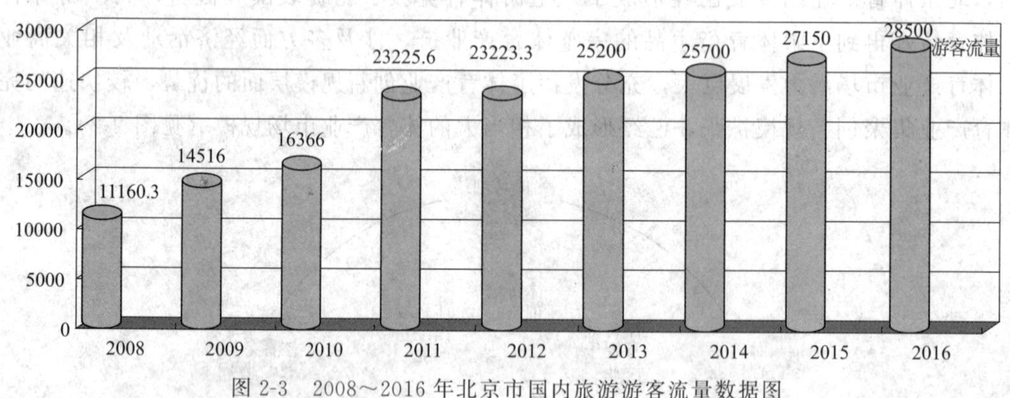

图 2-3　2008～2016 年北京市国内旅游游客流量数据图

2. **体育文化创意产业成绩显著提升**

体育文化创意产业是体育、文化、智力等多元素深度融合的集合体。冬奥会推动北京世界体育城市建设与文化、经济、科技和社会的和谐发展相互交融，在推动北京向世界体育城市建设综合竞争中的地位和作用突出。其原因是体育文化创意产业具有生态性、可持续性发展的特征。另外体育文化创意产业也是一种生产力，在冬奥会推动北京世界体育城市建设具有中具有重要的作用。特别是在 2022 年冬奥会筹办和举办过程中，使北京体育文化创意产业融合创新的元素厚重充盈。尤其是通过 2008 年北京奥运会的成功举办，北京现已具备的特有历史体育文化遗产、非物质体育文化遗产和奥运文化遗产的体育场馆文化资源与传统文化、生态文化和地域文化的融合，逐步形成了多样化体育文化创意产业发展的需求，加之冬奥会推动北京世界体育城市建设发展过程中体育文化创意产业成绩的显著提升，促进体育文化创意产业形成良性循环发展的新格局。以北京奥林匹克公园为例，冬奥会申办成功和筹办为北京奥林匹克公园多元产业融合发展提供新的空间，其在文化、体育、会展、旅游和商务服务等5大高端产业上获得了丰硕的成果，北京奥林匹克公园先后荣获了国家5A级旅游景区、全国体育产业示范基地、全国首批城市中央休闲区等殊荣。从2008年北京奥运会后北京奥林匹克公园累计接待游客4亿人次，举办大型活动7100余场，北京奥林匹克公园的各项活动逐步形成品牌化、系列化态势。在2022年北京冬奥会的筹办期，奥林匹克公园区内各大体育场馆凭借体育文化创意产业发展的契机，国家体育场和国家游泳中心推进“互联网＋体育”战略，联合阿里体育打造智慧场馆；国家游泳中心冬奥会场地设备设施筹备工作已经启动。鸟巢文化中心目前正积极打造高端文化交流平台。各体育大场馆都积极发挥特色资源和优势，力争实现经济效益和社会效益的同步提升，为北京体育文化创意产业的发展提供服务。根据有关资料统计的数据显示，目前北京体育文化创意产业的体育服务业收入已达299.4亿，占体育产业总值收入的比重为34.7％；从业人数7.4万人，占体育产业总从业人数13.2万人比重的46.1％。北京体育文化创意产业服务业作为体育产业的重要组成部分，已经显现出了良好发展的新趋势。

3. 体育产业与文化创意产业融合发展成绩显著增长

体育产业与其他产业有相同的共性，如注重市场效益和讲求经济效益的双重性，同时又具有不同于其他产业部门的特性。其体育产业产品的重要功能在于显著提升城乡居民身心健康水平、大力发展社会生产、实现个体功能的全面发展。文化创意产业是一种在经济全球化背景下产生的以创造力为核心的新兴产业，强调一种主体文化或文化因素依靠个人（团队）通过技术、创意和产业化的方式开发、营销知识产权的行业。文化创意产业包括广播影视、动漫、音像、传媒、视觉艺术、表演艺术、工艺与设计、雕塑、环境艺术、广告装潢、服装设计、软件和计算机服务等方面的创意群体。实现体育产业与文化创意产业融合发展是《北京市人民政府关于加快发展体育产业促进体育消费的实施意见》中提出的重点任务，也是“十三五”时期北京市提升体育产业发展，促进体育消费的重要战略举措。伴随着北京市供给侧结构性改革的不断深入、科技创新和体育产业结构升级的不断发展，全民健身和“健康中国”战略的逐步实施，北京体育产业发展的需求将从低水平、单一化向多层次、多元化扩展，体育产业促进体育消费方式将从实物型消费向参与型和观赏型消费扩展，体育产业将从追求规模向提高质量和竞争力扩展，体育产业与文化创意产业深度融合必将迎来重大战略机遇。如北京的798艺术区和中关村的文化创意产业园与体育产业的融合创新推动文化创意产业发展，成为北京无污染、低能耗、高科技含量的新型产业。

尤其是随着北京都市体育产业与文化创意产业深度融合创新的定位和人民生活方式转型的新趋势的到来，加之北京市奥运城市发展促进会、奥运城市发展促进中心和奥运城市发展基金会等多个公益性社团法人组织的建立，共同为冬奥会推动北京建设世界体育城市提升体育产业与文化创意产业深度融合发展带来的驱动力，使体育产业与文化创意产业深度融合发展的态势基本形成。体育产业与文化创意产业培训中介机构发展迅速，中介服务市场逐步形成。目前，北京市体育产业与文化创意产业深度融合创新产品的销售，体育产业与文化创意产业深度融合的会展凸显首都优势，各类体育产业与文化创意产业深度融合的会展异彩纷呈和层次不断提升。体育产业与文化、旅游、会展、互联网等文化创意产业融合发展的模式不断丰富、体制机制不断完善和健全，参与全民健身活动人数显著增多。近年来，北京市先后出台了多项扶持体育产业与文化创意产业融合的新政策和实施措施，有力推动北京市体育产业与文化创意产业的深度融合发展。目前，北京市体育产业与文化创意产业相互依存、相辅相成、共生共荣和互相促进的新局面，已经具备了体育产业与文化创意产业深度融合发展的机制。随着《北京市体育服务业发展规划（2015—2020年）》《北京市关于加快体育产业发展促进体育消费实施意见》的全面贯彻落实和《北京市深化首都文化体制改革的实施意见》《首都全国文化中心建设规划》和《首都文化中心建设年度项目计划》多项文件的出台，必将构建起富有时代特征、中国特色和符合北京世界体育城市建设实际的“3＋3＋X”体育产业与文化创意产业深度融合发展的新体系。

4. 健身休闲产业服务多元化趋势日益显现

健身休闲产业服务多元化是实现健身休闲产业发展的重要保障。近年来，随着国家对健身休闲产业服务政府职能的转变，对发展健身休闲产业公共服务的意识不断增强。特别是在国办发〔2016〕77号文件出台后，为了全面贯彻落实国办发〔2016〕77号文件的文件精神，北京市制订出台了《关于加快发展健身休闲产业的指导意见实施意见》，明确提出了实施健身休闲产业发展的公共服务保障计划，并从制度、政策、资金和人才等方面提供了服务的目标、范围，逐步使健身休闲产业公共服务向社会化、市场化和实体化的方向发展。北京市体育局为了落实全民健身国家战略和“健康中国”国家战略提出的推动全民健身与全民健康深度融合发展的需求，根据北京市全民健身实施计划（2016—2020年）和加快国办发〔2016〕77号文件等相关文件的要求，依托冬夏奥运场馆搭建平台融合资源科学健身，为健身休闲产业服务多元化发展提供了重要载体。近年来北京市利用国家奥林匹克体育中心国家全民健身示范基地的功能，围绕实施全民健身国家战略和“健康中国”国家战略，发挥引领示范作用，强化健身休闲产业发展的科技创新服务全民健身与全民健康深度融合发展的功能的全面释放，尤其是国家奥林匹克体育中心体质测试中心的建立，对不同年龄段人群开展形式多样的体质测试，并针对测试的结果，开出不同的运动康复处方，进一步提高了居民的科学休闲健身意识和体质健康水平。2015年10月9日，“京津冀体育健身休闲发展协同创新中心”在首都体育学院的成立。该中心协同天津体育学院、河北体育学院、承德市人民政府、河北民族师范学院、河北旅游职业学院、河北畅达集团等单位，汇聚高校、政府和企业的各种资源，探索与建立京津冀健身休闲人才培养与健身休闲发展的协同创新机制与模式，致力于发展京津冀3地健身休闲产业发展。自该中心成立以来，已经为京津冀地区培养了大量健身休闲产业的需求人才，促进了区域健身休闲产业发展。

三、北京奥运城市发展促进会的作用巨大

北京奥运城市发展促进会是公益性社团组织。它目前实行的是会员大会制度，由单位会员和个人会员组成。以弘扬奥运精神，扩展奥运成果，促进奥林匹克事业和残奥体育事业在城市的持续发展为宗旨。自北京奥运城市发展促进会在2009年8月成立以来，为北京从夏季奥运会到冬季奥运会促进北京建设世界体育城市的发展提供了强有力的保障服务。北京奥运城市发展促进会从动员和组织社会力量传承奥林匹克精神和北京奥运精神，促进奥林匹克

事业在推动“人文北京、科技北京、绿色北京”的发展过程中，通过整合和利用后奥运时代的“科技奥运、绿色奥运、人文奥运”系统循环功能的实现，对促进北京建设世界体育城市发挥了重要的作用。尤其是利用北京和张家口联合申办2022年第24届冬奥会的机遇，先后组织策划了北京奥运城市体育文化节、青少年奥林匹克教育系列活动、北京国际体育电影周等一系列体育文化品牌项目，广泛开展全民健身、青少年阳光体育以及奥林匹克主题活动。其中，北京奥运城市发展论坛作为北京市传承奥运财富、促进北京从夏季奥运会到冬季奥运会推动世界体育城市建设的一项重点工作，从2009年开始已成功举办了5届。为了更好地实现冬奥会推动北京建设世界体育城市的发展，北京奥运城市发展促进会和国际数据集团在2016年10月和2017年10月举办两届国际冬季运动（北京）博览会，深入探讨中国冰雪产业的发展前景和发展路径，通过宣传北京筹办2022年冬奥会的成就，显著提升了北京建设世界体育的国际影响力和竞争力。

四、体育民生工程建设成绩显著

1. 体育民生工程建设政策保障落实有生

近年来北京市委、市政府高度重视体育事业的全面发展，主要从落实全民健身和“健康中国”建设国家战略需求。将体育事业纳入北京市“十三五”发展规划，制订出台了《北京市体育服务业发展规划（2015—2020年）》《北京市关于加快体育产业发展促进体育消费实施意见》《北京市深化首都文化体制改革的实施意见》《首都全国文化中心建设规划》《首都文化中心建设年度项目计划》《北京市全民健身实施计划（2016—2020年）》《关于加快冰雪运动发展的意见（2016—2022年）》及七项配套规划等一系列规范性文件。在各项体育民生工程建设政策的保障下，2017年5月11日，体育公益平台“益起”APP正式上线。以体育运动为主要载体的公益平台“益起”在北京国家奥林匹克体育中心举行媒体见面会，暨首个助捐项目“奔跑吧，少年”活动。现场嘉宾们通过亲身2.5km公益跑活动，共同完成了“益起”首个公益项目“奔跑吧，少年”促进青少年体质健康的有益活动。2017年5月，由北京市体育局、市体育总会主办，北京市体育基金会等单位承办的“2017北京市体育公益活动社区行暨环燕羽山亲子跑”活动在柳沟村古长城脚下举行，显著提高了北京市全民健身活动开展效应。在2017年5月9日，北京市第十七届柔力球交流大会上，由北京市老体柔力球运动委员会组织的100人团队集体表演健身套路有力地展示了体育民生工程建设政策保障落实有生的具体体现。

2. 城市体育生活化社区建设水平显著提升

北京是我国的首都，也是全国政治、经济、文化、体育和交通中心的城市。体育生活化社区是一个地域概念，它是指把体育渗透到城市社区居民的日常生活中，成为衣、食、住、行以外的第5基本生活要素。城市体育生活化社区是城市发展到一定阶段的必然选择，在一些经济发达地区，如美国的纽约、英国的伦敦、法国的巴黎、日本的东京和新加坡的首都新加坡，城市体育生活化社区建设已经成为一种普遍现象。自2013年北京开始率先提出了“体育生活化社区建设”的发展思路以来，目前在全市东城区、西城区、昌平区、石景山区等16个区逐步启动了城区体育生活化社区功能提升工程。北京市政府并将体育生活化社区达标标准纳入北京市“十二五”规划，规定了体育生活化社区建设的内容和标准以及到2015年2717个社区全部实现体育生活化全覆盖的发展目标。近年来，北京借联合张家口成功申办 2022 年冬奥会和筹备冬奥会的发展机遇，加快了城市体育生活化社区建设的速度，截止到 2015 年 12 月底，北京市共由 2717 个社区全部实现体育生活化全覆盖的发展目标(仅 2015 年就有建成 665 个体育生活化达标)。政府财政是扶持城市体育生活化社区建设发展的重要保障，2011～2015 年北京市累计投资共 100 亿元，扶持城市体育生活化社区建设的发展，有效改善了城市体育发展的生态环境。2016 年北京市在文化体育事业的投资高达 77.1 亿元，保障北京冬季奥运会顺利筹办和支持三大球建设发展的同时，进一步促进全民健身活动场馆和体育生活化社区建设的发展，显著提升了城市体育生活化社区建设的质量和水平。在冬奥会推动北京世界体育城市建设效应的影响下，城市体育生活化社区建设在城市建设的发展与市民生活中发挥出诸多积极效果。

(1) 提升了世界体育城市建设中的生态效益。城市体育生活化社区建设以“花在眼前，绿在身边，健身就在家门口”的开放型、参与式环境，在社区内建成具有体育锻炼和休闲功能的体育公园、全民健身工程、健身步道等，打造了世界体育城市建设的体育名片，提升了世界体育城市建设中生态效益。

(2) 彰显世界体育城市建设中市民的生情怀。根据不同的地块条件和社区居民的健身习惯、在社区内建设特色体育小公园、健身步道和适合不同居民的健身活动设施，让居民从城市体育生活化社区建设中获得和谐宜居幸福感提升的感受。

(3) 凝聚了世界体育城市建设中体育文化的魅力。在城市体育生活化社区建设中各级政府和各类社会组织，以城市体育生活化社区建设的体育公园、全民健身工程、健身步道和体育文化小广场等为载体，有序引导居民开展丰富多彩的体育文化活动，增强了世界体育城市建设中体育文化的凝聚力，实现了体育文化的自信，提升了体育文化的软实力。

(4) 推动了世界体育城市建设中居民的自治与管理。体育生活化社区建设不仅弥补了城市社区体育公共服务体系构建的短板，也密切了邻里互动的关系，提升市民的体育文化素养、增强了居民对体育生活化社区建设自治和管理的能力，确保了体育生活化社区建设促进居民身心健康的有效性和可持续利用。

(5) 促进了世界体育城市建设中党群政民和谐的发展。体育生活化社区建设为城乡居民搭建交流了全民健身和全民健康深度融合发展的平台，通过政府、社会和市民不断完善社区的体育文化公共服务体系，建设群众喜爱、小型多样、亲民便民利民的体育文化活动设施，让体育改革创新的成果惠及百姓，在市民与政府之间搭建了一条彼此信任的纽带，促进了北京国际一流和谐宜居之都建设的发展。通过北京筹办冬奥会，推动世界体育城市建设效应功能的释放，城市体育生活化社区建设对市民追求健身与健康的科学化和生活化，期待高品质的生活质量和服务水平的提升，已经成为市民的新要求、新期盼和新的发展目标。根据课题组的调查显示，有 86.63%的社区居民已把体育健身放在首位。

3. 以绿道健身为载体，改善民生体育健身工程建设的成绩明显提升

近些年，绿道健身被更多的普及推广，同时也串联起北京的特色生态景观。目前北京已规划建立起市级、区县级、社区级三级绿道层级，其中包括了环二环路城市绿道、三山五园绿道、园博园绿道、温榆河绿道等市级绿道、朝阳区环望京健康绿道、房山区大学城绿道、大兴区天堂河绿道等区县绿道，以及像长春健身园绿道、奥林匹克森林公园绿道等服务社区居民的社区级绿道。绿道的不断扩展丰富，为健身者们提供了更多的选择。不仅如此，北京绿道志愿服务项目已于 2015 年 4 月启动，为广大市民提供绿道场地咨询、科学健身指导和科学健身宣传，使绿道健身更加深入人心。同时还利用北运河、永定河、潮白河和大清河等的生态资源和人文资源优势，在河流沿岸建设全民健身长廊为民所用，逐步形成了供民健身、与民健康的重要载体。河流沿岸全民健身长廊体育建设工程的实施，逐渐改变了北京市全民健身由体育部门一家办的模式，以新的机制构建并激发全民健身的蓬勃力量，焕发活力，共同形成了北京世界体育建设的驱动力。新建成的这些河流沿岸全民健身长廊不仅是水利工程和体育工程，还是生态工程、民心工程、德政工程、幸福工程。这些工程有力推动全民健身活动开展、为广大市民提供运动健身场所，使河流综合整治工程成为一项集防汛保安、旅游观光、健身娱乐为一体的民心相通。

4. 全民健身体育节健身效应功能释放显著

广泛开展全民健身活动是北京市 2017 年体育发展重点，预算安排 1.2 亿元重点支持全民健身信息服务平台惠动平台的建设。支持城乡社区群众体育活动，支持中小学足球场地建设，鼓励在学校、社区建设一批简易实用的非标准足球场，将公共体育场馆设施免费或低收费开放，纳入基层公共文化建设一般性转移资金支付范围。仅 2017 年北京市在体育彩票公益金中安排 9.2 亿元，重点对城乡社区全民健身设施建设进行投入。北京市财政局配合北京市体育局重点研究加强公共体育设施建设和体育场馆设施开放等方面的财政保障政策。在筹办北京奥运会的过程中，举办一系列国际、全国、京津冀范围的冰雪邀请赛，开展市级冰雪比赛活动，系统推进冰雪公益体验课，全面做好冰雪知识全民健身科学指导大讲堂。如北京市第十一届全民健身体育节将一直持续到 10 月，活动以宣传贯彻《北京市全民健身条例》为主线，以助力北京 2022 年冬奥会为重点，将包括 26 项国际及省际体育竞赛活动，150 项市级体育竞赛活动，245 项区级体育竞赛活动，以及千余项次基层体育组织举办的比赛和活动，将全民健身活动推向高潮。

五、体教结合广育良材成绩显著

在冬奥会的带动下，北京市在全面落实全面健身与全民健康融合发展的政策下，以“体教结合”为抓手，深入推进体校管理体制、训练机制和后备人才培养体系等方面的改革。北京市编办、人社等部门每年将体校教练员招聘纳入全市事业单位高水平人才招聘（引进）计划，对优秀退役运动员优先录用。市财政对运动员伙食补助、竞赛训练经费、大赛奖金等全力予以保障。迄今为止，北京市已建成 18 所少儿体校、27 所青少年训练基地、63 所体育传统项目学校、200 所青少年体育俱乐部，2016 年在市以上注册的运动员 1487 人，为北京市竞技体育人才发展奠定了坚实的基础。

六、北京国际文化大都市建设的成就显著提升

北京建设国际文化大都市需要体育的融入，才能实现国际文化大都市建设的发展目标。因此，努力创造良好的国际文化大都市发展软环境，深化世界体育城市建设需求的体育文化管理体制的改革和创新的发展，加强世界城市建设需求的体育文化法制建设，加大全社会的支持力度，是实现冬奥会推动北京建设世界体育城市的重要基础。通过北京近几年中国特色世界体育城市建设的发展，把首都建设成为在国内发挥示范带动作用、在国际上具有重大影响力的著名文化中心城市，成为全国文化精品创作中心、文化创意培育中心、文化人才集聚教育中心、文化要素配置中心、文化信息传播中心、文化交流展示中心是实现冬奥会推动北

京建设世界体育城市发展的终极目标。随着北京成功申办冬奥会和筹办冬奥会促进世界体育城市建设效应的扩赛，以及奥林匹克公园等奥运场馆长期开放效应的释放，并以大型国际体育赛事与文化活动融合建设为平台的战略实施，冬奥会推动北京建设世界体育城市已渗透到了北京国际文化大都市建设的各个板块，已经成为北京国际文化大都市建设中不可缺少的重要内容，尤其是随着冬奥会推动北京建设世界体育城市效应的不断提升，为促进北京国际文化大都市建设打下了稳定的社会基础和提供了重要的基础保证。由上海交通大学人文艺术研究院，上海外语频道和上海现代城市国际化科学研究中心联合发布的2014～2015年度"国际文化大都市排行榜"中，北京仅排在美国的纽约、英国的伦敦之后，与巴黎并处于优势较为明显的第一集团，在亚洲名列前茅。

七、市民幸福指数及满意度显著提升

冬奥会推动北京建设世界体育城市是以和谐宜居历史文化为目标，向世界充分彰显中华文明的魅力和意蕴，增强世界体育城市建设促进城市和谐发展效应的提高，提升北京世界体育城市建设的国际化和现代化水平。近两年来，北京通过冬奥会推动世界体育城市建设效应的扩散，北京市在加快民生建设（如社区建设、住房保障、农民工体育等方面）推动城市社会稳定和谐发展、提高城市居民凝聚力等社会效益等方面产生了巨大影响。冬奥会推动北京在建设世界体育城市的发展过程中，不仅把冬奥会筹办的建设工作融入城市周边自然环境的改善、城市规划和建设的长期发展，实现更快的城乡社区环境改善和更高的区域发展水平，创造了更多的就业岗位，为解决未就业人员的就业问题创造了良好的外部环境，而且在加快推进民生工程建设，促进城市生态文明建设和市民幸福指数和满意度提升等方面产生了一定的影响。

1. 市民幸福指数提升情况分析

为了揭示冬奥会推动北京建设世界体育城市对提升市民幸福指数的影响，课题组通过对冬奥会推动北京建设世界体育城市提升市民幸福指数的调查，证明冬奥会推动北京建设世界体育城市对提升市民幸福指数具有重要的影响。本课题利用Excel对调查问卷进行数据化、标准化处理，得到冬奥会推动北京建设世界体育城市提升市民幸福指数的相关数据。并根据相关数据运用因子分析方法，通过Matlab软件对冬奥会推动北京建设世界体育城市提升市民幸福指数的影响进行了分析，大致可以得到11个指标（见表2-7）。

表2-7　冬奥会推动北京建设世界体育城市提升市民幸福指数影响的因子载荷矩阵（$n=1696$）

影响程度	公因子1	公因子2	公因子3	公因子4	均值	共同度
1. 市民富裕感和满足感提升	0.816	0.824	0.812	0.796	5.90	0.682
2. 市民愉悦感提升	0.776	0.778	0.689	0.802	6.12	0.653
3. 市民自豪感提升	0.747	0.798	0.782	0.810	5.81	0.612
4. 市民健康满意度提升	0.667	0.669	0.692	0.786	6.10	0.603
5. 市民成就感、归属感提升	0.662	0.715	0.702	0.803	6.22	0.596
6. 市民期望感提升	0.684	0.685	0.691	0.681	6.14	0.598
7. 市民情谊感提升	0.803	0.804	0.806	0.708	6.23	0.602
8. 市民融和感、和谐感提升	0.776	0.790	0.782	0.706	6.81	0.681
9. 市民公平感提升	0.737	0.762	0.693	0.691	6.58	0.609
10. 市民安全感提升	0.703	0.752	0.802	0.706	6.91	0.674
11. 市民体育文化指数提升	0.682	0.653	0.681	0.712	6.87	0.686

2. 市民幸福指数满意度提升情况分析

幸福指数总体满意度是指个体的较为稳定的幸福感，而不是暂时的快乐和幸福。提高市民幸福指数，促进市民幸福指数满意度提升不仅是实现冬奥会推动北京世界体育城市建设得重要内容，也是实现全面建成小康社会的重要组成部分。幸福指数作为政府绩效评价体系构建的主要目标之一，应以党的十八届五中全会提出的创新、协调、绿色、发展和共享的理念为引领，以及北京"十三五"规划纲要提出"加快市民幸福指数的提升，推动城市经济社会、文化和体育转入以人为本、全面协调可持续发展的轨道，加快促进国际一流和谐宜居之都建设目标的实现。"北京市紧紧抓住联合张家口申办、筹办和举办2022年第24届冬奥会这一历史性机遇，特别是在申办和筹办2022年北京冬奥会的过程中，除了在北京市体育场馆、大众体育发展和城市公共交通等方面大力下功夫外，还在利用北京冬奥会的申办和筹办过程中，坚持"以运动员为中心、可持续发展、节俭办赛"的3大理念为核心，秉承绿色、共享、开放、廉洁的筹办和举办冬奥会的理念。坚持生态环境建设优先发展理念，为冬奥会打下美丽中国底色的绿色办冬奥会创新思路，坚持全民共同参与、共同尽力和共同享有的创新思想。坚持面向世界、面向未来和面向现代化的前瞻眼光，使冬奥会成为对外开放助推器的作用。以勤俭节约、杜绝腐败、提高效率，坚持对兴奋剂问题零容忍，把冬奥会办得像冰雪一样纯洁无瑕盛会的可持续发展思路。北京冬奥会的筹办带动京津冀及周边地区共同改善大气环境。如正在实施2013—2017年清洁空气行动计划。按照《北京市2013～2017清洁空气行动计划》，2014～2016年全市"煤改气"任务已提前超额完成，目前北京市的细颗粒物年均浓度要比2012年下降25%以上。根据课题组的调查显示，在冬奥会推动北京建设世界体育城市作用下，北京市民普遍感到城市宜居宜业，地域文化独特、空间舒适美丽、生活品质良好，生态环境优化，社会文明安全，社会福利及保障水准较高等方面较满意。根据有关文献指出，在韩国首尔市属下的首尔福利财团和大韩民国学术院以首尔、纽约、多伦多、伦敦、巴黎、柏林、米兰、东京、北京和斯德哥尔摩等世界10大城市为对象，调查的市民满意度显示，北京市民在满足感指数、生活品质指数、生态环境指数、社会文明指数、经济福利指数在内的5项1级指标和21项2级指标和47项3级指标中都具有较高的水平，北京市居民的幸福指数满意度为67.8分（满分100分），排在前3位。

八、城市综合竞争力明显提升

冬奥会推动世界体育城市建设的发展路径属于主动培育的模式，政府推动的力量占决定性作用。政府是冬奥会推动世界体育城市建设发展的主体，是冬奥会推动世界体育城市建设发展中体育公共产品的主要提供者，政府应当成为体育产业的治理者、体育事业的协调者、群众体育服务的提供者。但是，在冬奥会推动世界体育城市建设的发展对于政府无法承担的大量准公共产品性质的服务，需要培育多元化公共体育服务主体，充分发挥社会组织的作用，推动体育公共服务工作常态化。政府部门通过项目资助和购买形式，委托社会公益组织增加公共体育产品供给；同时，政府部门也可通过制订政策扶持，积极吸纳更多的社会力量参与公共体育服务供给，利用筹办冬奥会的机遇，加大冬奥会推动世界体育城市建设发展的公共服务力度。近两年来，北京市在积极落实国家主席习近平提出的"要求把冬奥会和冬残奥会办成一届精彩、非凡、卓越的冬奥盛会"重要指示，在冬奥会的筹办过程中，坚持以"绿色奥运、科技奥运、人文奥运"战略定位，升华为"人文北京、科技北京、绿色北京"

推动北京建设世界体育城市目标定位的基础上，依据《北京市“十三五”时期重大基础设施发展规划》的要求，以可持续发展的理念办好各项冬奥会的筹办工作，全面提升副中心城市基础设施综合承载能力，实现带动中心城人口、功能疏解，打造宜居宜业生态新城的战略。根据世界经济论坛最新发布的《2014—2015 年全球竞争力报告》显示，北京在全球 150 个城市中的人力资源竞争力、产业结构竞争力、硬件环境竞争力、全球联系竞争力、生活环境竞争力、软件环境竞争力、企业本体竞争力等方面的综合竞争力的排名从 2008 年 66 位上升到 2015 年第 8 位置。中国社会科学院财经战略研究院、中国社会科学出版社等共同发布《中国城市竞争力报告 2016》显示，香港、北京、上海仍牢牢占据中国宜商城市竞争力三甲位置。

参考文献

[1] Ivy. 冬奥会点燃绿色经济[J]. 绿色中国，2014(5)：10-12.

[2] Christin L. Grahl. Winter Olympic International City Development [J]. Michae Michael Arndt，Gesunde Pflanzen，2002(4)：241-245.

[3] Robert A. Winter Olympic International City Research [M]. MeGraW-hill，2003：324-327.

[4] Enjolras，Waldahl. Research of Winter Olympic International Development in sport [J]. International Review for the Sociology of Sport，2007(42)：21-23.

[5] 张敏. 北京举办冬季奥运会的影响及办赛策略研究[J]. 安徽体育科技，2016(2)：28-31.

[6] 易剑东. 数据解密冬奥会申办瑞士小城举办次数最多[N]. 中国体育报，2015-10-15.

[7] 孙欢欢. 北京冬奥运会的经济价值分析[J]. 产业与科技论坛，2016(3)：15-19.

[8] 刘亚琼. 韩国江原道大力推进 2018 平昌冬奥会特区民间投资项目[EB/OL]. http://news.eastday.com/eastday/13news/auto/news/world/20151228/u7ai5120097.

[9] 国家旅游局. 韩国江原道：旅游融合发展有“道”[N]. 经济日报，2011-10-08.

[10] 程晓多. 索契冬奥会场馆建设及其赛后利用模式研究[J]. 俄罗斯中亚东欧市场，2010(7)：8-14.

[11] 薛福岐. 2014 年索契冬奥会：俄罗斯需要成功故事[J]. 当代世界，2014(3)：5-7.

[12] Robert Baade and Victor Matheson. Going for the Gold：The Economics of the Olympics Journal of Economic Perspectives[J]. Int J Hospital Tourism Admin，2016，30(2)：201-218.

[13] 焦亮亮，张玉超，张倩. 2022 年冬奥会对我国举办城市经济发展的影响[J]. 湖北体育科技，2016(4)：15-18.

[14] 贾庆林. 北京市政府工作报告[N]. 北京日报，2003-02-21.

[15] 中共北京市委和北京市人民政府. 关于加强新时期体育工作建设国际化体育中心城市的意见[N] 北京日报，2003-07-16.

[16] 王岐山. 2004 年北京市政府工作报告[N]北京日报，2004-02-16.

[17] 国务院. 关于北京城市总体规划(2004—2020 年)的批复. [N]北京经济日报，2005-01-27.

[18] 中共北京市委和北京市人民政府. 关于加快促进体育产业发展的若干意见[N]. 中国体育报，2007-05-15.

[19] 鲍明晓. 北京建设国际体育中心城市的相关理论问题研究[J]. 上海体育学院学报，2010，34(2)：4-10.

[20] 北京市委和市政府发布的关于促进体育产业发展的若干意见[N]. 中国体育报，2010-06-12.

[21] 北京市国民经济和社会发展十二个五年规划纲要[R]. 中华人民共和国国务院公报，2010. 3.

[22] 北京市委和市政府. 关于加快发展体育产业的实施意见[N]. 中国体育报，2012-06-15.

[23] 王安顺. 北京市政府工作报告[N]. 北京日报，2013-02-18.

[24] 王安顺. 北京市政府工作报[N]. 北京日报，2014-01-25.

[25] 北京市体育局. 关于制订 2017 年北京市举办体育竞赛活动计划的通知[EB/OL]http://sports.sohu.com/20161114/n473130616.shtml.

[26] 北京市政府办公厅. 关于提高北京城市副中心管理水平的意见[N]. 北京日报，2017-02-06.

[27] 白金凤；江涛. 2022 北京-张家口冬奥会的经济效益展望及其现实解析——基于体育产业发展视角[J]. 南京体育学院

学报(社会科学版)，2016(12)：15-19.

[28] 北京市人民政府. 关于加快发展体育产业促进体育消费的实施意见[N]. 北京日报，2016-07-09.

[29] 人民网体育频道和人民网舆情监测室. 2015 最具体育活力城市排行榜[EB/OL]http://www. chinadaily. com. cn/micro-reading/sports/2016-02-16/content_14549107. html.

[30] 安景文，刘颖. 文化创意产业细分行业发展效率异质性实证研究——以北京市为例[J]. 北京社会科学，2015，37(5)：17-25.

[31] 刘丽. 北京市体育生活化社区建设现状研究[D]. 北京：首都体育学院，2009. 6.

[32] 吴东. 北京体育生活化社区"十二五"期间将全部达标[N]. 北京日报，2012-03-24.

[33] 北京市政府. 北京全民健身实施计划(2016—2020 年)[N]. 中国体育报，2017-01-02.

[34] 邢建宇. 冬奥会发展历史及未来展望研究[D]. 北京：首都体育学院，2017. 5.

[35] 董欣，刘勇强，杨柏芳. 冬季奥运会举办城市的特征及其启示[J]. 体育文化导刊，2013(7)：16-19.

[36] 易建东. 中国体育产业现状、机遇与挑战[J]. 武汉体育学院学报，2016，50(7)：5-12.

[37] 于振峰. 北京建设世界城市中如何发挥体育的功能和作用[J]. 运动，2012(12)：19-20.

[38] 刘丽. 北京市体育生活化社区建设现状研究[D]. 北京：首都体育学院，2009. 6.

[39] 吴东. 北京体育生活化社区"十二五"期间将全部达标[N]. 北京日报，2012-03-24.

[40] 王飞. 冰雪旅游业治理结构与运行机制研究[J]. 北京体育大学学报 2016，39(6)：32-35.

第三章 冬奥会推动北京建设世界体育城市发展战略研究

2008 年北京夏季奥运会成功举办 7 年后，北京又获得了 2022 年冬奥会的举办权，成为夏冬奥运会举办城市。北京冬奥会的举办权又一次将奥林匹克运动会和冰雪竞技运动与北京这座古老而又现代的城市紧密联系在一起。因此，加快实现北京从两个奥运城市到世界体育城市建设的转型是北京站在继承 2008 年夏季奥运会财富、巩固奥运成果，从“科技奥运、绿色奥运、人文奥运”到“人文北京、科技北京、绿色北京”建设，再到实现北京冬奥会提出的“以运动员为中心、可持续发展、节俭办奥”3 大理念，进一步推动北京建设世界体育城市的必然选择。因此，深入研究冬奥会推动北京建设世界体育城市的发展战略，提出具有时代性、前瞻性和创新性的实现路径，对加快北京实现国际一流和谐宜居之都建设的发展目标具有指导意义。

第一节　借冬奥会激活冰雪旅游产业发展效应推动北京世界体育城市建设

一、冰雪旅游产业的特征

范围广

跨行业　冰雪旅游产业　带动强

跨部门　跨科学

图 3-1　冰雪旅游产业的特征

冰雪旅游产业作为冰雪旅游与其他产业交叉融合而产生出的具有冰雪资源和旅游产业特点的新兴体育旅游产业的发展类型，正在逐步成为继生态体育旅游产业之后的现代体育旅游产业的一个新亮点，成为推动区域白色经济发展的重要载体。近几年来，随着我国冬奥会的申办影响体育旅游产业的发展备受关注。冰雪旅游产业作为一项横跨生产、服务与消费，兼容公益性与商业性的一个新兴产业，是目前被世人公认的最具活力的朝阳产业、白色产业、绿色产业和健康产业。由于冰雪旅游产业的范围广和带动性强（见图 3-1），发展冰雪旅游产业正在成为促进体育旅游产业发展的助推器，是推动区域白色体育旅游产业发展的重要基础和驱动力，逐渐成为被人们喜爱的民生产业和幸福产业。

1. 冰雪旅游产业资源的生态性特征

冰雪旅游产业是一种将白色生态冰雪旅游资源与冰雪旅游娱乐融合为一体的冰雪旅游产业的特色产品。它作为一种新型的特色生态冰雪旅游资源具有季节性、观赏性、参与性和独特的文化内涵。目前我国冰雪旅游产业的发展主要以东北地区为龙头，东北地区（黑龙江、吉林和辽宁）各地的冰雪旅游产业资源独具风采，具全国领先地位。新疆和内蒙古是位于我国西北边疆和北部边境的两个民族自治区，凭借自然形成的积雪和冰川成为冰雪旅游的首选地。京津冀地区凭借良好的现代交通区位与生态经济环境治理优势，重点开展大众需求的生态冰雪旅游资源（如北京、河北、天津各地市开展的滑雪旅游节等）。

2. 冰雪旅游产业的分类特征

从冰雪旅游产业分类来看，冰雪旅游产业具有跨部门和跨行业的特征。由于冰雪旅游产业结构较为复杂，不仅涉及冰雪旅游产业内部结构、区域结构和所有制结构等，还涉及众多跨部门和跨行业，是一个极其复杂的集群创新产业结构系统。在这个集群创新产业结构系统中也包括了冰雪旅游产业的生态系统、冰雪旅游产业的需要系统、冰雪旅游产业的供给系统、冰雪旅游产业的出行系统和冰雪旅游产业的支持系统，这些系统是形成冰雪旅游产业链纵向延伸的关键。因此，冰雪旅游产业的跨部门和跨行业特征是实现冰雪旅游产业深度融合发展内外驱动，对促进体育旅游产业的发展不容忽视。

3. 冰雪旅游产业的经济特点

我国是世界上最大的冰雪旅游资源国之一。其中，蕴藏在东北平原地区、山地、河流、森林、湿地中具有十分丰富的冰雪自然旅游资源、人文冰雪旅游资源和民俗冰雪旅游资源等类型。因此从冰雪旅游产业发展的经济性质来看，冰雪旅游产业的产业关联度非常大，与许多其他行业的发展密切相关，发展冰雪旅游产业不仅直接给航空、铁路、公路等交通部门，旅馆饭店、餐厅饮食服务、商业网点、景区景点等带来客源和市场，而且间接地带动和影响到城市生态环境建设、基础设施建设、加工制造和文化等行业的发展，甚至可能衍生出一些新的行业。

4. 冰雪旅游产业学术研究的特点

冰雪旅游产业不仅是体育旅游学科中最基本的概念，也是构建体育旅游学科的基本点和出发点，一直是体育旅游学术界探讨的热点。但从目前冰雪旅游产业学术研究的特点来看，冰雪旅游产业具有多学科和跨学科的特点；目前我国关于冰雪旅游产业旅游产业类型的划分主要以按照冰雪旅游产业性质、项目、地理环境来区分。从冬奥会促进北京和张家口冰雪旅游产业发展的战略目标上来看，冬奥会战略目标实现的基础是冰雪旅游产业结构的升级，冰雪旅游产业发展需要借助冬奥会战略目标形成机遇的推动。冬奥会本身就是一个具有丰富冰雪旅游产业内容的重要载体，具有重要的冰雪旅游产业经济功能，在发展冰雪旅游产业的本质上，冬奥会战略目标中冰雪旅游产业是重要的一个组成部分，是实现冬奥会的依托；在条件上，冰雪旅游产业本身也包含了冬奥会的项目经济功能，冰雪旅游产业的发展离不开冬奥会战略目标的有力推动。不可否认，两者的互动发展才能真正实现冬奥会促进北京和张家口冰雪旅游产业发展的社会、经济和生态的平衡，充分发挥出冬奥会推动冰雪旅游产业效应功能的全释放，实现冬奥会的可持续发展。此次冬奥会所涉及的冰雪运动带动的其他关联产业收入将达到 3000 亿元以上，“白色经济”借力冬奥会登上风口。

二、冬奥会激活冰雪旅游产业发展推动北京世界体育城市建设价值

冰雪旅游产业是以冰雪旅游资源为依托，以冰雪旅游设施为基础，通过为旅游者直接提供产品和服务来满足旅游者各种旅游需要的综合性行业。随着中国进入“大众旅游”时代，冰雪旅游产业作为体育新型产业在经济社会发展中发挥的作用和影响将会更加广泛。冰雪旅游产业势必借助于北京筹办冬奥会东风，借冬奥会白色经济发展的载体，激活冰雪旅游产业发展功能的释放，提升冰雪旅游产业经济在推动北京建设世界体育城市发展产生重要的作用，实现冬奥会激活冰雪旅游产业发展推动北京建设世界体育城市的重要价值。

价值是指客体的存在、作用以及他们的变化对一定客体需求及其发展的某种适合、接近或一致。价值是人类活动追求的根本目标，人类进行的各种活动都有不同的价值取向。借北京冬奥会机遇，激活冰雪旅游产业发展推动北京建设世界体育城市的价值是指在冬奥会国家战略层面上为促进冰雪旅游产业发展推动北京建设世界体育城市作出的贡献和影响。由此可见，借北京冬奥会机遇，激活冰雪旅游产业发展推动北京世界体育城市建设的价值是指在冬奥会的申办、筹办、举办和举办后的发展过程中，主要围绕冬奥会促进冰雪旅游产业发展，在推动北京世界体育城市建设中产生的不同效应。

1. 冬奥会激活冰雪旅游产业发展推动北京建设世界体育城市的联动效应

冬奥会与世界体育城市建设的发展息息相关。尤其是冬奥会促进冰雪旅游产业发展对推动举办世界体育城市建设和发展将会发挥巨大联动效应。2014 年俄罗斯索契冬奥会的商业价值创造了新的历史纪录，超过了 5000 亿美元，创造了冬奥会历史上的最高纪录。冬奥会举办直接拉动冰雪竞技运动项目、冰雪旅游产业、冰雪健身休闲产业、体育场馆工程建筑等相关产业的发展，不仅具有巨大的白色经济价值，而且也有很强的联动效应。特别是对促进举办城市冰雪旅游产业的发展带来动力，是实现推动世界体育城市建设发展的催化剂。因此冬奥会的举办不仅对促进北京冰雪旅游产业发展，推动世界体育城市建设具有重要影响，而且对提升北京建成国际一流和谐宜居之都也具有重要的影响。

从旅游产业发展的层面来看，冰雪旅游产业是生产冰雪旅游产品与提供冰雪旅游资源公共服务的相关企业的集合，因此，冰雪旅游产业自身是多元化旅游产业的重要组成。冰雪旅游产业作为旅游产业重要且复杂的组成部分，冰雪旅游产业包括了主体旅游产业与相关旅游产业，主体冰雪旅游产业包括冰雪健身旅游娱乐、冰雪竞技比赛观赏旅游娱乐以及主体冰雪旅游产业人才培训等，主体冰雪旅游产业生产的产品应为劳务，以符合冰雪旅游产业产品的界定标准。其中，作为冰雪旅游产业重要内容的冰雪旅游资源是属于生态冰雪旅游资源的范畴，其功能和作用是满足冰雪旅游者身心放松和强身健体的需求。以冰雪旅游资源活动集审美体验和冰雪运动旅游娱乐融于一体的冰雪旅游产业的发展形势，深得不同年龄和性别冰雪旅游爱好者的欢迎。冰雪旅游产业资源作为一项极具参与性、体验性和刺激性的冰雪旅游产业的服务性产品，由此会产生巨大的冰雪旅游产业的经济、社会、文化和生态保护等重要的价值。冰雪旅游产业是冰雪旅游与产业交叉融合而产生出的具有冰雪和旅游产业特点的新型体育旅游产业的发展方式，正在逐步成为继生态体育旅游产业之后的现代体育旅游产业的一个新亮点，成为推动区域白色经济发展的重要载体。然而多年来，冰雪旅游产业只属于东北三省，“不均衡”制约着我国冰雪旅游产业的发展。北京联合张家口成功申办并举办 2022 年第 24 届冬奥会是促进北京冰雪旅游产业发展，推动世界体育城市建设的机遇和提供资金的

重要保障。由此可见，通过 2022 年北京冬奥会的筹办和成功举办促进冰雪旅游产业发展，推动北京世界体育城市建设的联动效应具有关联度高、联动性强和辐射面大的特点。根据有关资料显示，冬奥会促进冰雪旅游产业发展所涉及的相关产业就有 50 多项（见图 3-2）。

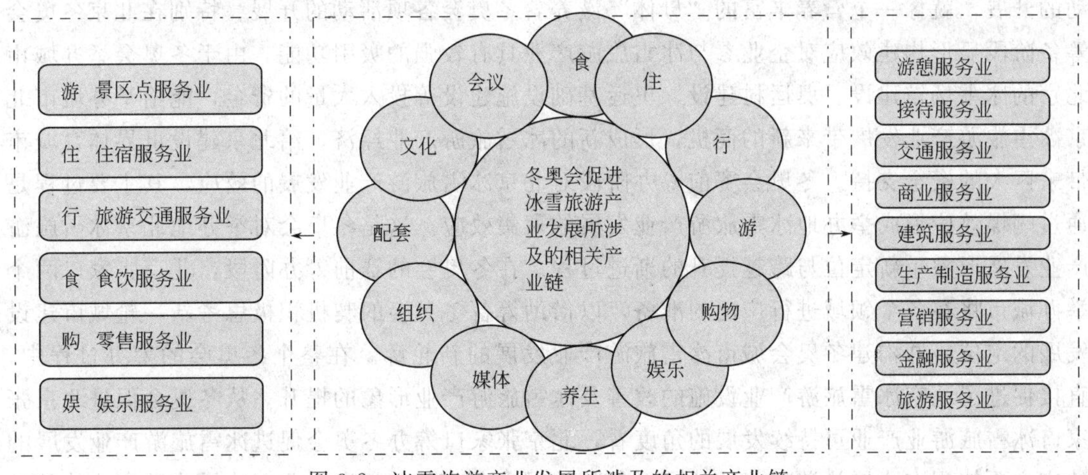

图 3-2　冰雪旅游产业发展所涉及的相关产业链

2. 冬奥会激活冰雪旅游产业发展推动北京世界体育城市建设“触媒”效应

“触媒”是指在化学反应里能改变反应物的化学反应速率（既能提高也能降低）而不改变化学平衡，且本身的质量和化学性质在化学反应前后都没有发生改变的物质。近几年来国外举办冬奥会国家和城市的经验证明，“触媒”作为冬奥会促进冰雪旅游产业发展，推动世界体育城市建设动力的典型成功案例已经成为一个不争的事实。冰雪旅游产业作为一种独具特色的以冰雪资源为主要依托的发展体育旅游产业重要形式。纵观冬奥会的发展历程，尤其是 20 世纪 90 年代以来，冬奥会促进冰雪旅游产业发展的“触媒”效应不仅促进冰雪运动城市的发展，更加推动世界体育城市建设的发展。据此，在北京冬奥会的筹办、举办和赛后的不同发展阶段，通过冬奥会的“触媒”效应促进冰雪旅游产业发展推动北京建设世界体育城市进入快车道。北京联合张家口举办 2022 年冬奥会是一种非物质的“触媒”效应，它并非是单一的最终产品，而是一个可以刺激与引导北京冰雪旅游产业发展推动建设世界体育城市进入快车道的综合元素。冬奥会促进冰雪旅游业发展推动北京建设世界体育城市的“触媒”效应可分为 3 个阶段（见图 3-3）。

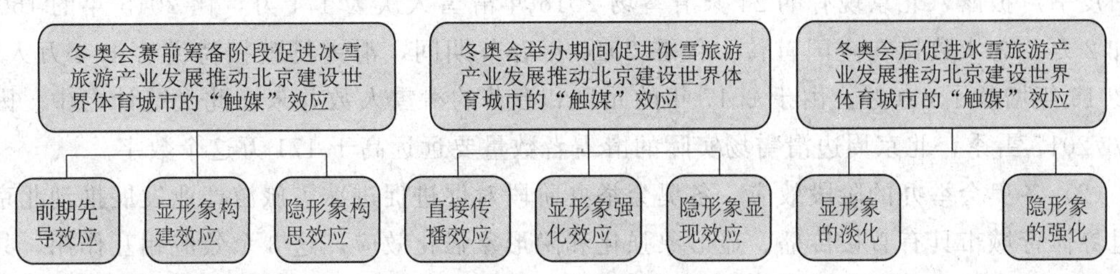

图 3-3　冬奥会促进冰雪旅游产业发展推动北京建设世界体育城市的“触媒”效应

冬奥会促进冰雪旅游产业发展推动北京建设世界体育城市是一个长期复杂的系统工程。从图 3-3 中可见，冬奥会促进冰雪旅游产业发展推动北京建设世界体育城市的效应有着明显的不同“触媒”效应。

（1）冬奥会筹备阶段的前期先导效应。冬奥会筹备阶段具有促进冰雪旅游产业发展推动北京建设世界体育城市的显著辐射效应，在冬奥会的筹备前期对促进冰雪旅游产业发展推动北京建设世界体育城市具有重要的推动动力，主要表现在冰雪旅游产业的发展早于冬奥会活动的开展，就像一个营养丰富的“母体”滋养着冬奥会各项活动的开展。特别在北京冬奥会筹备阶段显形构建效应对企业参与冰雪旅游产业具有较强的吸引功能，由于冬奥会举办城市北京的冰雪场馆建设、奥运村建设、奥运基础设施建设等投入大量的资金，能给举办城市北京冰雪旅游产业发展带来新的商机，形成新的冰雪旅游产业经济，给北京建设世界体育城市带来巨大的资金支持。冬奥会赛前筹办阶段对北京冰雪旅游产业发展的效应，其主要过程是通过蝴蝶效应形成举办地冰雪旅游产业发展的聚集效应。这是冬奥会对举办地北京冰雪旅游产业发展形象重新定位与跨越提升的渐进过程。在冬奥会的赛前筹办阶段，北京张家口两个举办城市将在各个领域进行广泛的准备，以借助筹备冬奥会的契机积极思考新一轮城市建设发展的定位，并构建冬奥会城市冰雪旅游产业发展的新轮廓。在整个冬奥会的筹办过程中，直接促进了北京冰雪旅游产业设施的改善及冰雪旅游产业形象的提升。从冬奥会促进北京张家口冰雪旅游业产业可持续发展的角度看，北京张家口筹办冬奥会促进冰雪旅游产业发展的效应主要体现在冰雪旅游产业的“硬形象”的提升上，既包括发展北京冰雪旅游产业的基础设施，也有发展冰雪旅游产业的大型滑雪场等吸引旅游客的旅游目的地。同时还涉及冰雪旅游产业风格的定位，城市居民接待游客服务文明素质的培育，城市冰雪旅游产业公共服务体系框架的构建、冰雪旅游产业行政管理体制的完善，以及冰雪旅游产业形象传播的谋划策略等。如在《北京市人民政府关于加快冰雪运动发展意见（2016—2022 年）》中就明确提出“支持冰雪健身和旅游等产业的发展，不断扩大冰雪体育产业的发展规模。到 2022 年，全市冰雪体育产业收入规模达到 400 亿元左右，实现增加值 80 亿元左右。”从现在到 2022 年冬奥会的举办是北京张家口冬奥会筹办的关键时期。北京在做好延庆赛区场馆规划设计、建设国家高山滑雪中心、国家雪车雪橇中心、延庆奥运村和山地媒体中心等场馆设施的同时，还要将建设赛区配套基础设施，加快建设延庆至崇礼路等连接北京城区、延庆、张家口崇礼 3 个赛区的交通运输网络和直升机停机坪，为中外游客参与冰雪旅游提供良好的服务设施。随着北京市属公园冰雪游园会的启动，打造出各具特色的冰雪旅游主题项目，吸引了国内外游客的参与，目前已接待游客近 30 万人次，极大地促进了冰雪旅游产业的发展，不仅为北京市冰雪旅游产业提供了大量的发展资金，而且也为就业提供了许多岗位。根据《中国滑雪产业白皮书》披露，北京现有的 24 家滑雪场 2016 年滑雪人次为 171 万，比 2015 年的 169 万增加 2 万，总人数排在全国首位。仅在 2016 年春节期间，滑雪场就接待游客 8.4 万人次，比 2015 年增长了 8.6%。由于 2017 年的元旦和春节的滑雪人数并未在此次统计之中。因此 2016/2017 雪季，北京周边滑雪场实际的滑雪者数量要远远高于 171 万这个数字。

（2）冬奥会举办的阶段效应。冬奥会举办阶段对促进促进冰雪旅游产业发展推动北京建设世界体育城市具有直接传播、显形象强化和隐形象强化效应，这 3 个效应相互作用，共同促进冰雪旅游产业发展推动北京建设世界体育城市进程。冬奥会举办期即指冬奥会举办的当年，冬奥会举办期是北京发展冰雪旅游产业的最佳时机。主要是以冬奥会的举办而增加的各项冰雪运动消费带动为主，推动冰雪旅游产业消费增势强劲。根据有关资料显示，在 2006 年都灵冬奥会举办期间，就有 150 万的游客来到皮埃蒙特大区。俄罗斯政府为了成功举办好 2014 年索契冬奥会，投入 510 亿美元资金修建超大规模的场馆和基础设施，助推索契成为国际旅游胜地，冬奥会期间每日接待游客人数超过 10 万，索契冬奥会带动了整个索契冰雪旅游产业的快速发展。如在北京冬奥会举办期间，大批运动员、工作人员、官员和游客的到来将带动北京冰雪旅游产业的深度融合，各项消费服务业将驱动冰雪旅游人数的增长，促进冰雪旅游产业的发展。

（3）冬奥会后期效应。冬奥会后期促进冰雪旅游产业发展，推动北京世界体育城市建设具有明显的“触媒”后延续效应，主要表现为显形象的淡化和隐形象的强化 2 个效应。冬奥会后期促进冰雪旅游产业发展，推动北京世界体育城市建设的“触媒”后延续效应是由于各项赛事活动的落幕游客陆续离开目的地，同时随着时间的推移，游客对冰雪旅游活动的关注也逐渐减少，很多有形的固态体育旅游目的地信息在人脑中慢慢遗忘。而能作为一种长久印象深烙脑海的往往是人们经过重复提取和识记的无形的柔性形象信息。根据冬奥会促进冰雪旅游产业发展，推动北京世界体育城市建设“触媒”效应的分析可见，在各自的不同阶段具有不同的特征。但最关键和最重要的是要明晰冬奥会促进冰雪旅游产业发展，推动北京世界体育城市建设强大“触媒”效应的运行机制和管理机制，推动冰雪旅游产业与文化、科技、会展等相关产业的深度融合发展，使得冰雪旅游产业规模不断扩大，质量和水平不断提升，这才是有效提升冬奥会促进冰雪旅游产业发展，推动北京建设世界体育城市发展的关键所在。

3. 冬奥会激活冰雪旅游产业发展推动北京世界体育城市建设的周期时间效应

2022 年北京冬奥会的举办是正值中国社会再次转型的关键时期，也是国际奥委会《奥林匹克 2020 议程》改革方案推行的重要开端。它将是冬季奥林匹克运动会历史上第 1 次举办的具有开创性、独特性引领冬奥会进入一个全新的时代。2022 年北京冬奥会是一种综合度高，人流量大和涉及多项产业活动的冰雪旅游产业经济价值的回馈效应。它不仅是国际重大冰雪体育事件中促进冰雪旅游产业发展重要载体，也是对举办城市北京有着长期影响效应的重大国际冰雪旅游事件。冬奥会冰雪旅游产业具有 3 个周期的时间效应。具体可分为申办期、筹办期和举办后期 3 个时间段。根据对北京冬奥会冰雪旅游产业发展不同阶段特征的分析，冬奥会促进冰雪旅游产业发展推动北京建设世界体育城市的发展具有明显的阶段性效应。自北京联合张家口冬奥会申办以来，为了成功举办好这次冬奥会，北京投入了大量的资金建设冬奥会场馆和基础设施，并从数量和质量上逐渐增加和改进了住宿接待及商务活动设施，以满足冬奥会参与者和冰雪旅游者的需求，从而带动了北京冰雪旅游产业服务质量和服务水平的提升，营造了优良的冰雪旅游产业生态环境，提升了北京冰雪旅游产业的国际知名度，接待游客量和旅游收入均创历史同期最高水平，其中冰雪旅游产业就占了半壁江山。冬奥会促进冰雪旅游产业发展推动北京建设世界体育城市发展的效应的事实证明，冬奥会促进冰雪旅游产业增长周期时间效应的扩散事实已经印证，冬奥会促进北京冰雪旅游增长的人数将随着冬奥会筹备工作的加快呈现稳定快速增长的发展趋势。如何在不同的短期时间内充分利用传统媒体与新媒体及时传播冬奥会促进北京冰雪旅游产业发展的信息，制作大量冰雪旅游产业宣传品，客源地发放是提升冬奥会促进冰雪旅游产业发展，推动北京建设世界体育城市可持续发展的重要举措。

4. 冬奥会激活冰雪旅游产业发展推动北京世界体育城市建设系统循环效应

北京冬奥会赛后由于城市知名度的提高，城市基础设施的完善和全民健身设施的升级，尤其是促进大型体育场馆等基础设施供给能力的提升，一些运动冰雪旅游项目将成为国内和北京市民充分利用的资源。如北京冬奥运会体育场馆、奥林匹克公园内的冰雪体育设施将在冬奥会后将进入循环利用阶段。随着2022年北京冬奥会筹办期间在环境治理、大气污染控制、节能环保新技术应用、治理交通拥堵、志愿服务等方面采取的有效措施将融入现代化城市常态管理中，进一步推动北京以冰雪旅游城市建设引领和推进世界体育城市加快实现转型升级，全面提高世界体育城市建设的国际竞影响力和竞争力。特别是在北京冬奥会后以冰雪旅游产业的可持续发展，引领北京世界体育城市建设的“创新、绿色、协调、和谐和共享”的发展理念，把冬奥会促进冰雪旅游产业发展的成果与其他旅游产业结构调整相融合，提高北京冰雪旅游产业发展的智能化、信息化水平，在加快培育和推动一批冰雪旅游产业企业及大数据冰雪旅游产业项目建设同时，依托冬奥会促进冰雪旅游产业发展系统循环效应积极向外界展示推动北京建设世界体育城市的国际形象，吸引更多国内外知名冰雪旅游企业参与到北京建设世界体育城市的发展中来，实现冬奥会促进冰雪旅游产业发展推动北京向建设世界体育城市目标的迈进。尤其是在后奥运时代，北京将充分利用冬奥会体育场馆举办大型的文化盛会、体育赛事和学术论坛等多项大型国际赛事活动，进一步促进冰雪旅游产业的发展，推动北京建设世界体育城市的发展。

5. 冬奥会激活冰雪旅游产业发展推动北京世界体育城市建设的可持续效应

北京冬奥会作为一项重要的国际冰雪竞技赛事，其促进冰雪旅游产业发展推动北京建设世界体育城市发展的可持续效应将会产生连锁的反应，重点是带动北京和张家口冬奥会冰雪旅游产业直接相关的餐饮服务业、宾馆服务业、康体健身业、冰雪运动装备租赁业和商品销售行业等的快速发展，吸引更多的当地人口投入到城市的基础设施建设、生态环境建设和公共服务建设中，提升城乡居民和外来移民的就业率，提高城乡居民的家庭收入，加快冬奥会促进冰雪旅游产业发展，推动北京建设世界体育城市可持续发展，以优化首都核心经济功能为发展目标，为北京建设世界体育城市和国际一流和谐宜居之都提供资金服务。特别是北京在筹办冬奥会的过程中，将直接带动京冀及周边地区至少3亿人参与冰雪运动，促进冰雪运动在中国乃至亚洲范围内的普及，将极大提升中国冰雪运动员的竞技水平和冰雪运动爱好者的参与程度。目前，在2022年北京冬奥会筹备工作的推动下，北京市已经有22个滑雪场已全部开门营业，室内外滑冰场增加到40个，供市民和游客参与冰雪运动活动、健身休闲的嬉雪场地增加到16个。此外，在延庆、丰台、平谷、房山、亦庄5处试点建设简易冰场。到2022年，北京市冰雪体育产业总额将达到400亿，每个区要建一个冰面不少于1800m^2的滑冰场，北京将拥有36座室内冰场和50片室外冰场。由此可见，2022年北京冬奥会不仅为促进北京城市社会发展提供了千载难逢的机遇，也将成为推动北京由夏季奥会城市向冬季奥会城市转型升级和提升世界体育城市发展的不竭动力。在北京筹备冬奥会的过程中，随着北京城市社会、经济、文化、科技和冰雪竞技体育运动的发展，以2010年引进的世界顶级单板滑雪大跳台赛，花样滑冰等一批高水平的多项国际冰上运动赛事将陆续落户北京，不仅为促进北京冰雪旅游产业发展带来新的生机，更为北京冬奥会的筹办产生巨大的经济发展的拉动作用，将为促进北京冬奥会的成功举办产生重要的国际影响。如在北京冬奥会的筹办和举办过程中将对北京乃至中国冰雪运动发展、冰雪产业打造、冰雪人才培养、生态发展、组织办赛、基础设施建设和经济结构调整优化升级等方面将产生一系列重要影响的同时，也将成为推动北京建设世界体育城市发展的持续动力，体现出推动北京建设世界体育城市可持续的精髓，成为实现北京建成中国特色世界体育城市提升建设国际一流和谐宜居之都发展目标的重要驱动力。北京在筹办和举办冬奥会的过程中，随着北京冰雪旅游产业发展需求的日渐明晰，冰雪旅游产业的发展在借冬奥会战略机遇的同时，也会逐渐明确自身的发展方向与促进北京建设世界体育产业的任务，将更加从冰雪旅游产业升价出发，借冬奥会发展战略机遇逐步完善自身的创新发展，为北京建设世界体育城市的可持续提供资金支持，更加刺激冬奥会城市北京的社会经济、文化产业、体育产业和科技产业以及生态环境的可持续发展，为提升世界体育城市建设中的公共服务便捷化、城市管理精细化、生活环境宜居化、基础设施智能化和网络安全长效运行保障体系的构建提供重要的保证，在北京世界体育城市建设发展的国际影响力与国际地位和形象中将产生重要的影响，使城市市民的家庭生活变得更加和谐、更加美满和更加幸福。而且有效地优化和提升城市的社会生活环境、进而提升城市的社会凝聚力，优化社会结构，创新社会管理，促进冰雪旅游产业的可持续发展，为北京建设中国特色世界体育城市注入新的动力和活力。

三、冬奥会激活冰雪旅游产业发展提升北京世界体育城市建设路径

1. 制订因时而异冬奥会促进冰雪旅游产业发展的周期定位开发策略

北京成为2022年冬奥会举办城市，其冬奥会促进冰雪旅游产业发展推动北京建设世界体育城市应和冬奥会周期形成全面对接，根据不同的冬奥会周期的特征进行不同发展战略的定位，实现冬奥会筹办期、举办期和举办后期促进冰雪旅游产业发展推动北京世界体育城市的建设。根据近几届举办城市开发冬奥会冰雪旅游产业的实践来看，冬奥会冰雪旅游作为旅游吸引物和形象塑造者并通过相关的冬奥会旅游活动（例如冬奥会改善旅游基础设施、冬奥会旅游促销、冬奥会旅游媒体宣传等）提升主办城市冬奥会促进冰雪旅游产业发展的竞争力，最终的影响效果主要表现为新增加冬奥会促进冰雪旅游者数量，优化冬奥会促进冰雪旅游产业经营状况和塑造良好的冬奥会促进冰雪旅游产业形象3个指标。因此，在冬奥会促进冰雪旅游产业发展推动北京世界体育城市建设的进程中，北京应扣紧冬奥会促进冰雪旅游产业发展的3个周期的不同特征，根据北京冬奥会筹办期、举办期和举办后期冰雪旅游产业的发展定位，制订出不同的发展策略。本研究根据冬奥会冰雪旅游产业的不同周期特征，参考有关学者的研究成果构建出了冬奥会促进北京冰雪旅游产业开发的动态模型，并依据动态模型设定不同的开发策略重点和实现路径，推动北京建设世界体育城市的发展（见图3-4）。

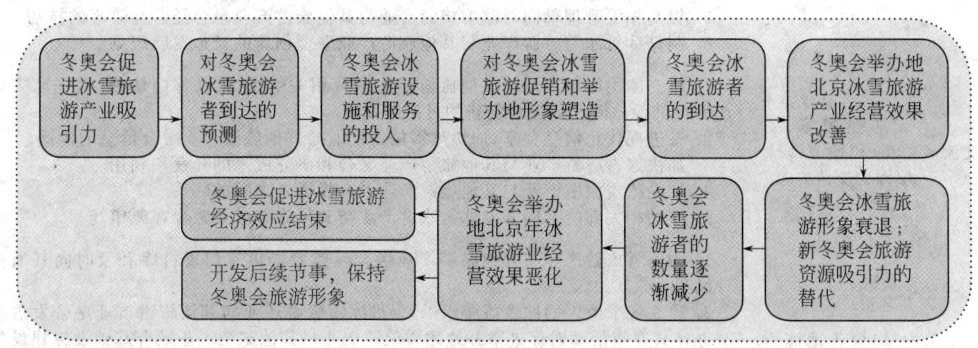

图3-4　冬奥会促进冰雪旅游产业开发的动态模型

从图3-4发现，冬奥会筹备期以区域性冰雪运动体验旅游度假地为主体，冬奥会举办期冬奥会旅游为主体，冬奥会举办后期以冬奥会场馆遗产旅游与新开发的冬奥会旅游项目为主体，培育新的冬奥会旅游开发模式，激发群众参与后冬奥会旅游的热情、营造全社会积极支

持参与北京张家口后冬奥会旅游的浓厚氛围。因此，后冬奥会旅游对冬奥会举办城市旅游业的直接影响主要表现为冬奥会旅游资源的繁荣与发展，冬奥会旅游才是真正的冬奥会旅游。北京冬奥会旅游的主要对象不是直接参加或观看北京冬奥会的人群，而是更为广大的、当时不能直接进入北京和张家口参加或观看冬奥会的人群，北京冬奥会旅游资源后期的开发与利用应具有生态性等特征。因此，北京冬奥会后期的旅游行情不应该是短期有限的井喷行情，而是应该走持续时间长、参游人数多、增长趋势稳健的可持续发展道路。

2. 制订冬奥会促进北京冰雪旅游产业与其他旅游产业融合创新策略

制订冬奥会促进北京冰雪旅游产业与其他旅游产业融合创新策略，不仅是实现冬奥会促进北京冰雪旅游产业快速发展的保障条件，也是实现冬奥会促进北京张家口冰雪旅游产业快速发展的政策保证。冬奥会促进北京冰雪旅游产业与其他旅游产业融合创新以其广泛的冬奥会促进冰雪旅游产业＋其他旅游产业关联效应和乘数效应，将日益凸显出北京冰雪旅游产业发展的重要功能。冬奥会促进北京冰雪旅游产业与其他旅游产业融合创新的互相波及、动态竞合，将进一步提升北京冰雪旅游产业与其他旅游产业融合创新的可持续发展。目前北京冰雪旅游产业起步晚、发展快、规模大，已经跻身于全国最重要的冰雪旅游产业强市的行列。在2022年冬奥会的筹备过程中，积极探索制订冬奥会促进北京冰雪旅游产业与其他旅游产业融合创新的策略，构建符合冬奥会促进北京冰雪旅游产业与其他旅游产业融合创新的发展策略，为冬奥会促进北京冰雪旅游产业可持续发展带来强大的驱动动力，形成冬奥会促进冰雪体育旅游产业与其他旅游产业融合发展的新格局，加快冬奥会促进北京世界体育城市建设的发展（见表3-1）。

表3-1　冬奥会促进北京冰雪旅游产业与其他旅游产业融合创新策略制订的框架

手段	目的	具体发展策略
宏观手段	冰雪体育旅游产业与其他旅游产业融合创新策略手段	1. 加强旅游部门，体育部门，文化、科技、高校和科研单位等部门的强强联合，加快冰雪旅游产业与其他产业的深度融合创新 2. 构建冰雪旅游产业与其他产业融合创新框架，形成冰雪体育旅游产业深度融合生态集群区，推动区域冰雪旅游产业新经济增长；实现冰雪旅游可持续发展 3. 充分认识冰雪旅游产业与其他旅游产业融合创新投资者的主体作用 4. 就冰雪旅游产业与其他旅游产业融合商机对冰雪旅游与其他旅游机构进行培训，推进冰雪旅游产业与其他旅游产业融合专业化建设的快速发展 5. 提高相关管理部门对冰雪旅游产业与其他旅游产业融合经营与管理的技巧 6. 制订针对冰雪旅游产业与其他旅游产业融合创新的长远发展规划
合作交流	加强国家、省（市）和地方3个层面的交流	1. 建立冰雪旅游产业与其他旅游产业融合相关组织，推动部门协作，促进冰雪旅游产业与其他旅游产业融合创新的可持续发展 2. 推进现代化信息共享，加快冰雪旅游产业与其他旅游产业融合信息的传播 3. 加快冰雪旅游产业与其他旅游产业融合和研究成果的开发和利用 4. 加强冰雪旅游产业与其他旅游产业融合投资者之间的联系 5. 鼓励相关部门共同开发冰雪旅游产业与其他旅游产业融合客源市场
区域发展	加快各地冰雪旅游产业与其他旅游产业融合创新发展，清除融合创新障碍	1. 为冰雪旅游产业与其他旅游产业融合经营者提供专门资料库和及时向其通报统计结果 2. 建立各个地区的冰雪旅游组织，促进冰雪旅游产业与其他旅游产业融合发展重视举办体育赛事活动对促进举办地冰雪旅游产业与其他旅游产业融合基础设施建设的特有功能 3. 提高媒体、交通及赞助商等相关部门、行业在促进冰雪旅游产业与其他旅游产业融合创新中运作水平 4. 鼓励各地区之间协作，减少冰雪旅游产业与其他旅游产业融合设施的重复建设，避免产品的同一性 5. 考虑在本地区内冰雪旅游产业与其他旅游产业融合创新发展的可能性 6. 鼓励各地区轮流举办冰雪旅游产业与其他旅游产业融合创新成果的交流活动

续表

手段	目的	具体发展策略
科学研究	建立冰雪旅游产业与其他旅游产业融合创新研究基地	1. 对冰雪旅游产业与其他旅游产业融合创新进行明确的界定,明确发展目标 2. 协调各研究部门的发展,引导有关冰雪旅游产业与其他旅游产业融合创新对促进经济和社会发展影响研究的进一步深入,并向投资者推广研究成果 3. 引导研究机构对冰雪旅游产业与其他旅游产业融合创新已有市场和潜在市场进行精细实证研究 4. 分析研究冰雪旅游产业与其他旅游产业融合创新市场需求 5. 开展纵向研究,对冰雪旅游产业与其他旅游产业融合创新效益进行长期追踪
基础设施建设发展	、采用科学合理的方法发展和使用基础设施	1. 普查冰雪旅游产业与其他旅游产业融合所需设施和相关基础设施的情况 2. 鼓励充分利用和改进已有的设施(包括场馆、宾馆和交通设施等) 3. 考虑两者融合设施投资的效益,尽量使用多用途的旅游设施
资金来源融资渠道	解决冰雪旅游产业与其他产业融合中遇到的资金问题	1. 使政府意识到在获得冰雪旅游产业与其他旅游产业融合所需资金和赞助方面面临的各种困难 2. 与有关部门交流,了解资金可以如何获得资助,通过哪些渠道获得发展资金,制订资金来源融资渠道发展规划 3. 政策上鼓励冰雪旅游企业上市融资,加速冰雪旅游产业与其他旅游产业的融合 4. 鼓励政府、市场和企业合作,发挥 3 者的合作作用
教育培训发展规划	发展和满足冰雪旅游产业与其他旅游产业融合创新的教育与培训的需求	1. 促进冰雪旅游产业与其他产业融合创新的发展,从中发现教育、就业与参与的机会,加快冰雪旅游产业与其他旅游产业融合创新相关课程的开设 2. 发展冰雪旅游产业与其他旅游产业融合创新的专业课程 3. 对各个机构包括志愿者进行有效的专门训练,提高冰雪旅游产业与其他旅游产业融合创新市场运作技能,鼓励发展和传播冰雪旅游产业与其他旅游产业融合信息和教育培训的资源
规范制度	利用规范的方法评价冰雪旅游产业与其他旅游产业融合创新	1. 建立适应经济、文化和社会发展的融合创新运作模式 2. 制订适合各地实际、规范的冰雪旅游产业与其他旅游产业融合创新评价模式 3. 寻找合适的方式,向影响产业融合创新发展的行业部门发布相关信息 4. 对具体冰雪旅游产业与其他旅游产业融合创新效益进行评估
融合参与	提高公众参与冰雪旅游产业与其他产业融合创新程度	1. 认清公众参与是提升冰雪旅游产业与其他旅游产业融合创新的基础 2. 了解不同人群的冰雪旅游产业参与其他产业融合的需求 3. 建立鼓励和支持志愿者参与冰雪旅游产业与其他旅游产业融合创新的政策

北京冰雪旅游产业与其他旅游产业之间有着天然的联系，其他旅游产业是冰雪旅游产业发展的重要依托，冰雪旅游产业是促进其他旅游产业发展的重要形式之一。制订冬奥会促进北京冰雪旅游产业与其他旅游产业融合创新策略，要立足本地实际，通过渗透型、拓展型、创新型深度融合的发展模式，采取转变政府职能，净化冰雪旅游产业与其他旅游产业融合创新的发展环境，在制订好冰雪旅游产业与其他旅游产业融合创新发展规划的基础上，建好冰雪旅游产业与其他旅游产业集群基地，在重视冰雪旅游产业与其他旅游产业融合创新人才培养的同时，把冰雪旅游产业链中融入地域文化产业的内涵，强化冰雪旅游产业的主题形象，在强调特色冰雪旅游产业资源建设的基础上，紧跟冰雪旅游产业市场的需求，创新冰雪旅游产业新产品，形成地域性的冰雪旅游产业品牌和冰雪旅游产业带，实现北京冰雪旅游产业与其他旅游产业融合创新的快速发展。借北京和张家口举办冬奥会的机遇，加快北京冰雪旅游产业与相关产业的深度融合是推动北京世界体育城市建设的重要载体，也是今后冬奥会激活冰雪旅游产业发展推动北京世界体育城市建设研究的热点领域。加快冰雪旅游产业与相关产业的深度融合是推动北京世界体育城市建设发展的大趋势。目前冰雪旅游产业与相关产业深度融合的案例较多，本研究主要从核心产业角度明确加快冰雪旅游产业与相关产业的深度融合发展的最佳驱动点，以为整体研究提供可行的创新思路。

（1）加快冰雪旅游产业与信息产业的深度融合，推动北京世界体育城市建设的科技化水平。目前冰雪旅游产业与相关产业的深度融合对信息和信息技术的依赖性很强，信息化建设对促进冰雪旅游产业与相关产业的深度融合有着不可代替的作用。从宏观层面看，信息化建设对促进冰雪旅游产业与相关产业的深度融合发展的作用主要体现在可以增加二者深度融合发展中知识含量和科技含量，实现冰雪旅游产业与相关产业的深度融合融合发展从依赖大量物质和人力资源的粗放式发展模式转变为提高投入要素使用效率的集约式发展模式，促使冰雪旅游产业与相关产业的深度融合从传统服务转型为现代服务业。从微观层面看，信息化建设对促进冰雪旅游产业与相关产业的深度融合发展形象的转播，使冰雪旅游产业与相关产业的深度融合的产品更加形象化、特色化和个性化，并满足冰雪旅游者不断增长的信息需求。因此，在北京冰雪旅游产业与相关产业的深度融合发展的过程中，应将信息化建设从冰雪旅游产业与相关产业的深度融合发展的市场需求、产品质量提升、冰雪旅游企业文化、冰雪旅游产业人才培养等方面进行重点的投入，进一步促进冰雪旅游产业与相关产业的深度融合、冰雪旅游与信息产业的深度融合以及冰雪旅游与其他相关的深度融合，使信息化在促进冰雪旅游深度融合发展中的应用与推广发挥出积极的推动作用，拓宽信息化建设促进冰雪旅游产业与相关产业的深度融合发展的空间，加快信息化建设对促进冰雪旅游产业与相关产业深度融合发展功能的全面释放，加快推进北京冰雪旅游产业与相关产业的深度融合发展，提升冬奥会推动北京世界体育城市建设的信息化程度。

（2）构建“互联网＋”APP平台，推动冰雪旅游产业与相关产业深度融合发展。构建“互联网＋”APP平台是实现冰雪旅游产业与相关产业深度融合的一种新方式。APP是指通过手机终端植入有应用平台及应用软件运行环境，节约硬件成本，支持下载应用软件。近年来，APP平台创新性地应用在各种体育中，成为很多体育企业通过互联网对外沟通与宣传的有效途径。从北京冰雪旅游产业与相关产业深度融合发展的整个过程来看，在冰雪旅游产业与相关产业深度融合发展中构建“互联网＋”APP平台是借互联网形成对冰雪旅游产业与相关产业深度融合发展的产品、营销策略和服务水平推广的重要路径。APP平台是在互联网和大数据时代下对冰雪旅游产业与相关产业深度融合发展服务理念的创新推动，借助“互联网＋”创新模式激发冰雪旅游产业与相关产业深度融合发展，形成潜在的冰雪旅游消费吸引力，延伸冰雪旅游产业的产业链，推动冰雪旅游资源开发与环境保护的可持续发展。

（3）加快信息技术在冰雪旅游产业与相关产业深度融合发展中的应用与推广。目前国际上冰雪旅游产业与相关产业深度融合发展程度较高的国家和地区，信息技术正在从冰雪旅游产业与相关产业深度融合发展的经济功能、社会效益和生态保护价值等方面推进冰雪旅游产业发生深刻变革，冰雪旅游产业与相关产业深度融合发展中信息化建设已经成为推动冰雪旅游产业发展的重要途径。北京市冰雪旅游产业与相关产业深度融合发展促进冰雪旅游产业结构升级转型也要依赖于冰雪旅游产业与相关产业深度融合发展信息的及时准确传播与共享，以及信息技术应用的广泛和深度等要素能力的发挥，为冰雪旅游产业与相关产业深度融合发展提供科技服务，加快冰雪旅游产业转型升级，提升冰雪旅游产业发展科技竞争力。

3. 利用冬奥会促进冰雪旅游产业白色经济效应发展推动北京世界体育城市建设

2014年2月，习近平总书记就推进北京发展和管理工作时明确提出，要明确北京城市发展战略定位，坚持和强化首都全国政治中心、文化中心、国际交往中心、科技创新中心的核心功能，深入实施人文北京、科技北京、绿色北京战略，努力把北京建设成为国际一流的和谐宜居之都。特别是习近平总书记要求“把冬奥会和冬残奥会办成一届精彩、非凡、卓越的冬奥盛会”的重要指示，对借北京举办冬奥会机遇，激活冰雪旅游产业发展推动北京建设世界体育城市带来了决心和信心。根据近几届举办冬奥会国家的实践经验来看，举办冬奥会促进冰雪旅游产业发展，对推动世界体育城市建设具有明显的经济效应。如 2002 年美国盐湖城冬奥会结束后，美国犹他州竖起了冬季项目的招牌，10 年来举办 62 项国际大赛，90 场与冬奥运相关的活动，极大地促进了盐湖城冰雪旅游产业的发展，为盐湖城都市区成为美国的金融中心，商业中心和度假胜地城市建设提供充足的资金。在俄罗斯申办索契冬奥会之初，俄罗斯政府就希望借此机会将索契打造为冰雪旅游胜地和未来世界级度假胜地。由于俄罗斯政府高度重视冬奥会促进冰雪旅游产业发展的问题，在 2014 年索契冬奥会刚刚过后的第 1 个夏天，来到索契市的游客数量便增长了 40%，为索契向世界体育城市建设的发展提供了大量的资金。但目前尽管在索契市已经找不到由冬奥会带来城市经济发展的直接效益，但由冬奥会为索契留下的场馆遗产资源，为城市转变为一个重要的国际旅游景点提供了重要的载体。同时，俄罗斯政府也将不遗余力地将索契打造成世界一流的滑雪胜地，10 多家酒店旅馆如雨后春笋般涌现，机场也全面改造升级，80 亿美元（约合人民币 496 亿元）则用于修建全新的铁路，促进索契形成俄罗斯的中心冰雪旅游城市。

北京联合张家口举办 2022 年冬奥会，此冬奥会由北京市承办冰上项目比赛，张家口市崇礼县承办雪上项目比赛。举办冬奥会不仅是几天的赛事活动，也是促进北京冰雪旅游产业发展，助推北京建设世界体育城市提升经济增长的加速器，举办冬奥会促进北京冰雪旅游产业发展，推动北京建设世界体育城市提升经济增长价值的回馈效应显著。根据有关专家的预算，2022 年北京冬奥会所涉及的冰雪运动带动的其他关联产业收入将达到 3000 亿元以上。冬奥会促进冰雪旅游产业发展，推动北京世界体育城市建设的经济效应是指冬奥会促进冰雪旅游产业发展，对推动北京建设世界体育城市所产生的直接经济效应和间接经济效应的总和。冬奥会举办城市冰雪旅游产业作为一种主题性鲜明的冰雪旅游经济发展类型，与其他旅游经济的融合发展有着先天交集，北京通过联合张家口申办 2022 年第 24 届冬奥会的成功，点燃了国人对促进冰雪旅游产业经济发展的热情，冰雪旅游产业经济面临着巨大的增长空间。尤其是在北京筹备 2022 年冬奥会近 5 年的时间内，会进一步通过冬奥会促进冰雪旅游产业与其他产业的深度融合发展，创造出巨大的冬奥会促进冰雪旅游产业与其他产业深度融合发展的经济效应，实现北京联合张家口举办冬奥会城市经济价值的回馈效应，为北京建设世界体育城市和国际一流和谐宜居之都提供重大的资金支持。

4. 构建冬奥会与冰雪旅游产业互动发展推动北京建设世界体育城市运行机制

举办 2022 年冬奥会是北京实现冰雪旅游产业强市，推动世界体育城市建设的良好机遇，在人们满怀期望的同时，我们应该充分认识到冬奥会与冰雪旅游产业互动发展推动世界体育城市建设也可能产生不良影响的情况，尽量发挥冬奥会与冰雪旅游产业互动发展，推动北京建设世界体育城市功能效应的释放，使冬奥会与冰雪旅游产业互动发展成为推动北京建设世界体育城市的强大杠杆。为此，本研究针对冬奥会与冰雪旅游产业互动发展的特点，结合国外城市举办冬奥会与冰雪旅游产业互动发展推动世界体育城市建设的实践经验，提出冬奥会与冰雪旅游产业互动发展推动北京世界体育城市建设的运行机制（见图 3-5）。

5. 依托冰雪旅游产业可持续发展理念推动北京世界体育城市建设

北京冬奥会的举办不仅将为北京城市生态环境建设塑造自身价值和向世界展示自己的机

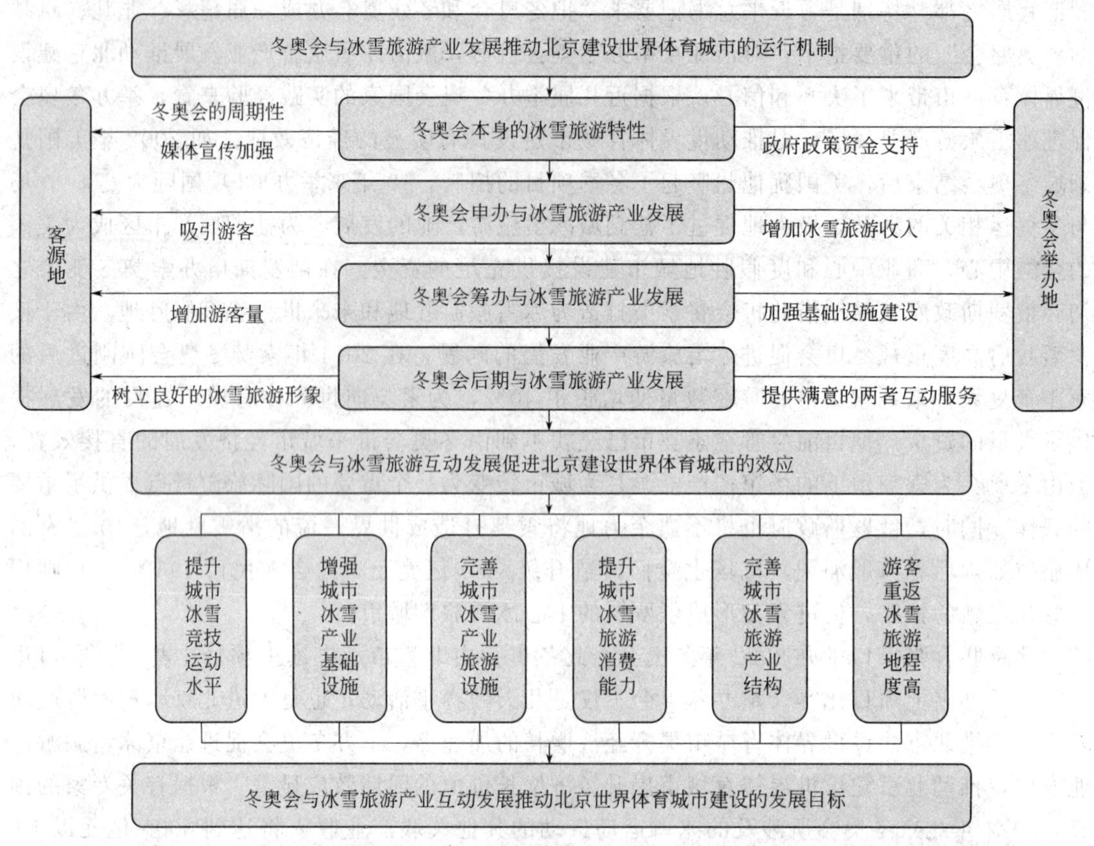

图 3-5　冬奥会与冰雪旅游产业互动发展推动北京建设世界体育城市的运行机制

会，同时也为冰雪旅游产业发展促进北京世界体育城市建设的可持续发展提供了战略机遇。其发展战略的制订要在尽量延长冰雪旅游产业促进北京世界体育城市建设可持续发展的同时，尽可能减少冰雪旅游产业自然资源和能源的消耗以及对生态环境的破坏。如在冰雪旅游产业促进北京世界体育城市建设可持续发展战略的制订应该把它看作是一个基于空间智能体的战略生态体系，由于冰雪旅游产业开发所依赖的生态环境具有较强的脆弱性。特别是在冬奥会举办城市北京的冰雪旅游产业的开发过程中，由于受观念、认识、经济和基础条件及政策等因素的制约，往往对冰雪旅游产业资源开发中环境保护的力度不够，造成“重经济轻公益、重产出轻投入、重开发轻保护”和“盲目开发”等问题突出，不仅损坏了举办城市北京冰雪旅游产业资源的原真性和完整性，也不利于冰雪旅游产业促进北京世界体育城市建设的可持续发展。因此，在冰雪旅游产业促进北京世界体育城市建设可持续发展战略的制订应遵循 2014 年的国际奥委会第 127 次全会通过的《奥林匹克 2020 议程》中提出的 40 条改革建议的指导思想，明确冰雪旅游产业促进北京世界体育城市建设可持续发展战略制订的发展目标、主要任务、核心内容和实施措施等，并从符合北京冬奥会举办城市的智慧化、数字化和科技化冰雪旅游产业可持续发展的要求，制订切实可行的冰雪旅游产业促进北京世界体育城市建设可持续的战略（见图 3-6）。

从图 3-6 可见，冰雪旅游产业促进北京世界体育城市建设可持续发展战略的制订不仅是对实现冰雪旅游产业促进世界体育城市建设发展的智慧化、数字化和科技化的特殊需求，而且也是在可持续发展思想指导下，建设冰雪旅游产业促进北京世界体育城市建设的智慧化、

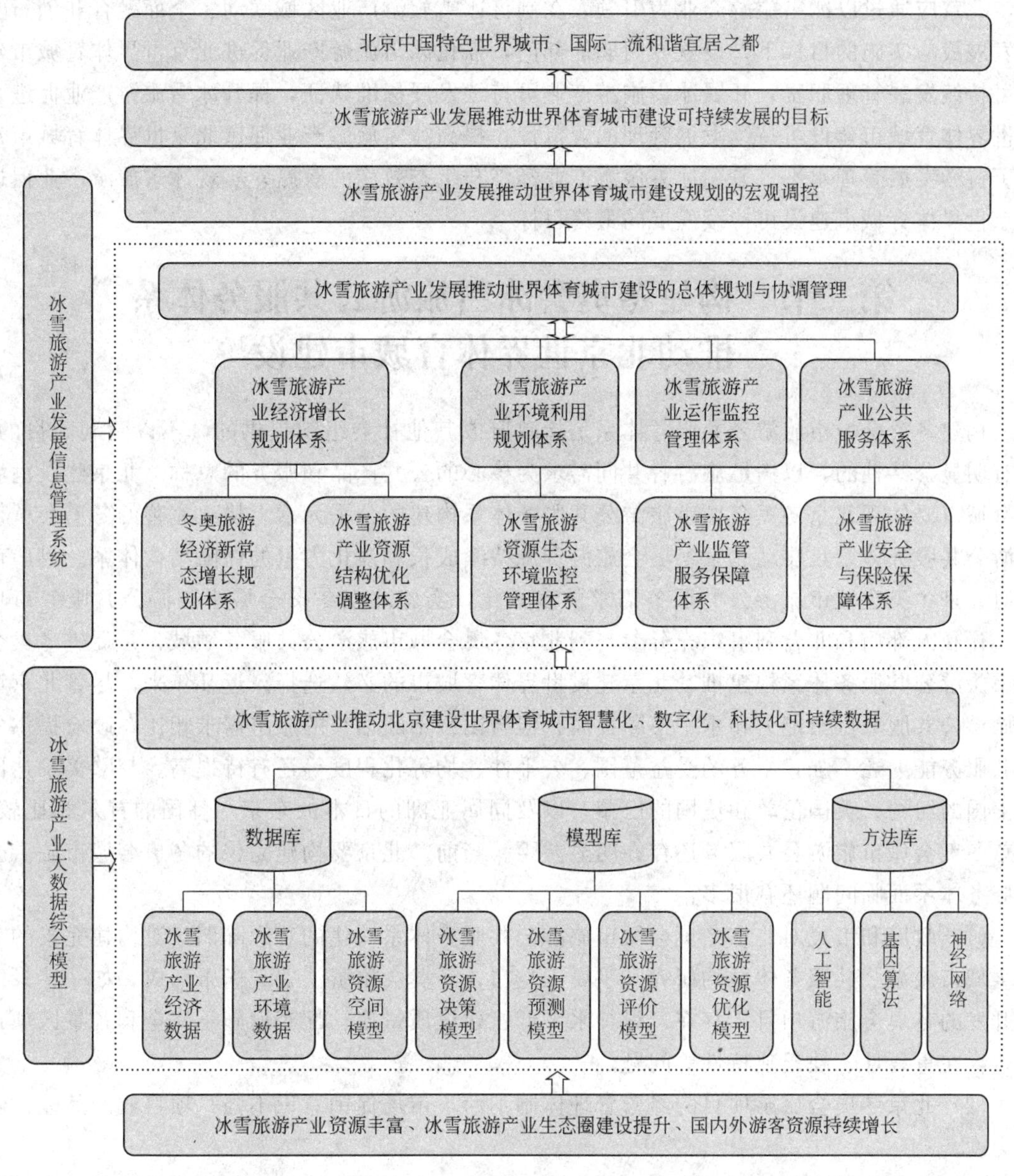

图 3-6　冰雪旅游产业促进北京世界体育城市建设保障机制

数字化和科技化发展系统的物质流、能量流、信息流、人口流、资金流的综合管理系统。如在《北京市大数据和云计算发展行动计划（2016—2020 年）》明确提出，到 2020 年，北京城市副中心、北京新机场和冬奥会场馆等将率先开展第 5 代移动通信（5G）网络商用示范。2022 年无疑是举办城市北京冰雪旅游产业促进世界体育城市建设的快速发展之年，但这 1 年能否真正成为冰雪旅游产业促进世界体育城市建设的丰收年，并非自然而就。因此，北京在筹办冬奥会的过程中，应该把冰雪旅游接待、冰雪旅游产业公共服务设施建设融入其中，并充分考虑冬奥会后把赛事设施转化为冰雪旅游产业设施。从现在开始，冰雪旅游产业的宣传推广、策划组织应与冬奥会的筹办工作同步推进。

为了更好地促进冰雪旅游产业发展，实现北京世界体育城市建设可持续发展战略的目标，北京应通过以冰雪旅游产业为引领，在制订冰雪旅游产业区域联动、全面融合和创新驱动发展战略实施的目标下，设立专门职能部门，强化冰雪旅游产业促进北京世界体育城市建设可持续发展管理职责，开展冰雪旅游产业可持续发展标准认证，提升冰雪旅游产业促进北京世界体育城市建设可持续发展管理的规范性，提高冰雪旅游产业促进北京世界体育城市建设可持续发展管理水平，兼顾冰雪旅游产业经济与生态效应的双赢，实现冰雪旅游产业促进北京世界体育城市建设可持续发展的最终目标。

第二节　构建冬奥会冰雪旅游公共服务体系推动北京世界体育城市建设

构建冬奥会城市旅游公共服务体系是指政府或其他社会组织提供的，不以营利为目的，具有明显公共性的，以满足旅游者共同需求为核心的公共产品和服务的总称。北京建设世界体育城市要体现北京冬奥会城市旅游公共服务体系构建的公平元素。构建完善的冬奥会城市旅游公共服务体系是驱动北京冬奥会旅游资源持续成长和演化力量的保障结构体系。目前市民对北京冬奥会城市旅游公共服务需求的多元化，实施北京冬奥会城市旅游公共服务市场化，让私人部门和非营利组织充分参与到北京冬奥会城市旅游公共服务领域，是促进冬奥会城市旅游公共服务体系构建推动北京建设世界体育城市的必然选择。近几年来，尽管北京城市旅游公共服务供给能力和水平不断提高，但与国民不断增长的旅游需求相比，政府提供的公共服务能力还不强，服务的受益范围、公平性、均等化程度等还有待提高。与欧美发达国家美国的纽约、英国伦敦和法国的巴黎，以及同属亚洲的日本的东京、韩国的首尔相比较，北京冬奥会城市旅游公共服务还存在明显差距。当前，北京要构建完善的冬奥会城市旅游公共服务体系面临问题还有很多：

（1）政府和市民对北京冬奥会城市旅游公共服务体系构建的观念陈旧，对构建完善的冬奥会城市旅游公共服务体系的研究几乎属于空白，冬奥会旅游消费观尚未形成，如一些景区刚开发的冬奥会旅游项目，存在着设计水平低、建设质量差、配套设施不完全和各景区项目设置存在重复性、缺乏独特性等问题。

（2）北京冬奥会旅游项目的经营管理体制不活，市场促销意识不强，项目或产品建设缺乏力度。

（3）北京冬奥会旅游总体消费水平偏低。随着北京冬奥会筹备工作的加快以及城乡居民收入的稳步增长，北京冰雪运动产业链长，涉及冰雪健身休闲、场地及配套设施建设、器材装备的开发和生产销售、赛事培训以及相关产业如旅游、地产、酒店、餐饮、娱乐等市场的发展广阔，北京冬奥会市场旅游的发展空间巨大。尽管随着北京市民生活水平不断提高和带薪假期的日益增多，冬奥会市场旅游消费收入近年来也有大幅度的提升，但目前北京冬奥会城市旅游总体消费水平偏低依然存在。

（4）随着人们对冬奥会项目特别是冰雪项目的热情增加，冰雪运动有望成为新的体育消费热点。但目前北京冬奥会城市旅游产业尚未形成规模，对冬奥会城市旅游发展功能的经济、社会、文化和生态价值的开发不够，尽管目前北京城市居民每年可以享受的法定休息日达到115天，但城市的社会经济发展推进也使居民的工作、生活节奏加快，压力增大，造成城市市民参与旅游消费的意识不强，特别是人均旅游消费较低。

（5）城市旅游公共服务发展的动力机制还没有真正形成，造成冬奥会城市旅游公共服务的空间规划、基础设施建设、气氛的营造缺乏个性、大众参与渠道不畅和参与机制不健全等，严重影响了冬奥会城市旅游公共服务体系的构建。据此，本研究主要从冬奥会城市旅游公共服务对象、主体、主要内容和创新发展模式等方面提出了构建冬奥会城市旅游公共服务保障体系推动北京建设世界体育城市发展的设想，并通过构建冬奥会城市旅游公共服务保障体系推动北京建设世界体育城市发展的政府必要的监管，达到有效配置冬奥会城市旅游公共服务资源的目的，为北京冬奥会旅游者参与旅游提供温馨、舒适、安全的公共服务，加快北京建设世界体育城市的可持续发展（见图 3-7）。

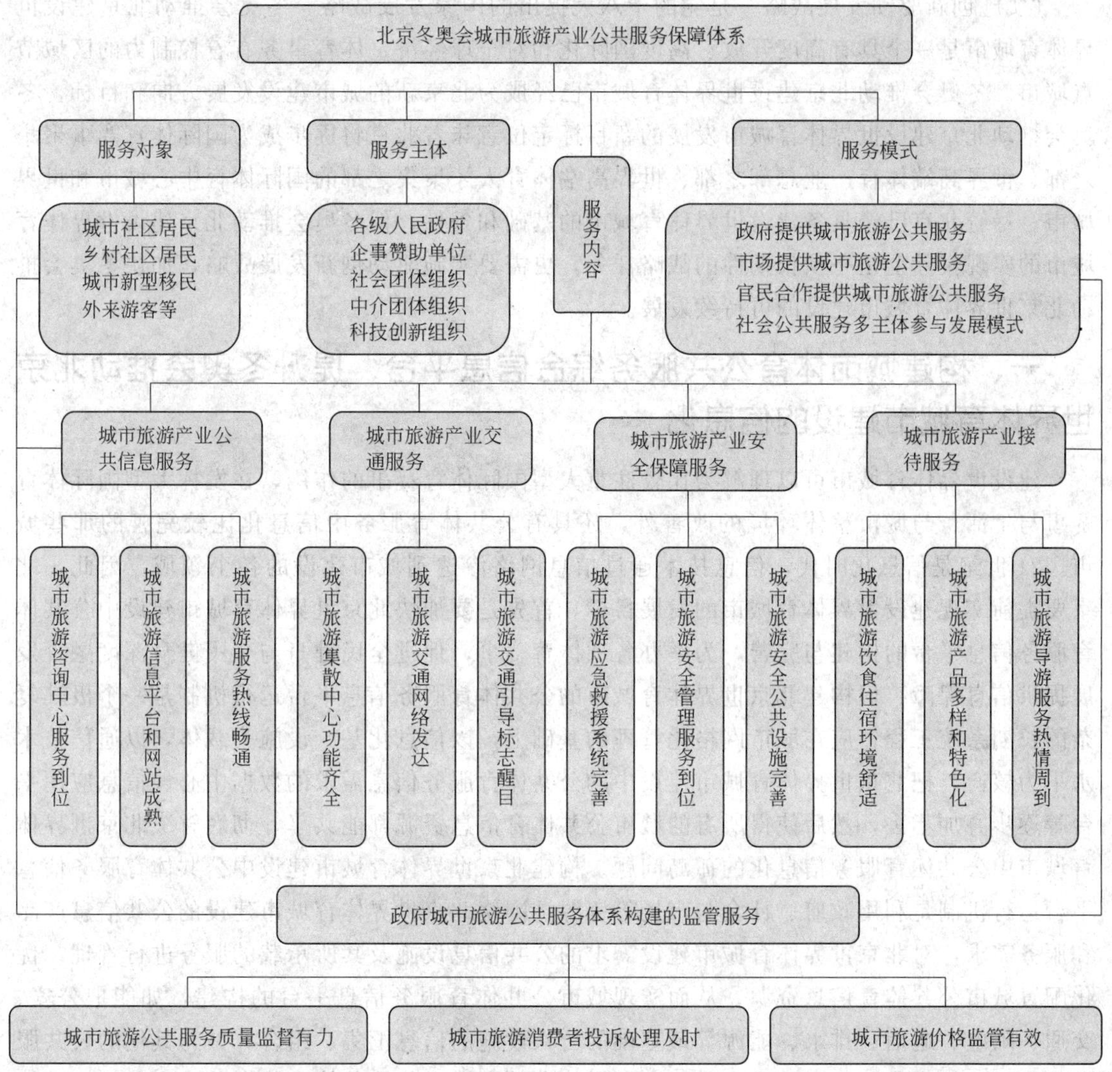

图 3-7　构建冬奥会城市旅游公共服务保障体系推动北京建设世界体育城市发展的设想基本框架

从图 3-7 可见，北京冬奥会城市旅游公共服务对象、主体、主要内容和发展模式是构建冬奥会城市旅游公共服务体系的主要因素。北京冬奥会城市旅游公共信息服务、旅游交通服务、旅游安全保障服务、旅游接待服务是构建冬奥会城市旅游公共服务体系的主要内容。但政府作为冬奥会城市旅游公共服务体系构建的主体，必须加强冬奥会城市旅游公共服务体系构建行政监督服务，营造良好的市场环境，保证旅游公共信息服务、旅游交通服务、旅游安全保障服务、旅游接待服务的良好供给，提升北京冬奥会城市旅游公共服务的质量和水平，促进北京冬奥会城市旅游消费水平的提升，推动北京冬奥会城市旅游公共服务保障体系建设的可持续发展，为冬奥会推动北京建设世界体育城市的发展提供保障。

第三节　实施创新驱动发展战略，加快冬奥会推动北京世界体育城市建设

“实施创新驱动发展战略”是党的十八大提出的国家发展战略。冬奥会推动北京建设世界体育城市是一个具有高度开放、高度国际化和对全球经济、体育事务有着控制力的区域节点城市。冬奥会推动北京建设世界体育城市已经成为北京新的城市建设发展方向和目标，冬奥会推动北京建设世界体育城市发展的新目标定位意味着北京将逐步成为国际体育赛事聚集之都、世界高端体育产业总部之都、世界高端体育人才聚集之都的国际体育中心城市和世界城市。尽管北京已经具备建设世界体育城市的基础和条件，但冬奥会推动北京建设世界体育城市的实现实际上是一项长期性的战略任务，更需要实施驱动创新发展战略，加快冬奥会推动北京世界体育城市建设的可持续发展。

一、构建城市体育公共服务综合信息平台，提升冬奥会推动北京世界体育城市建设的信息化

建设世界体育城市可以理解为比较注重大型国际体育赛事的作用，在发挥大型国际体育赛事与生活、与城市整体环境的改善外，还具有公共体育服务中信息化比较完善的那些城市。21 世纪是信息化时代，信息技术通过信息网络渗透到城市建设的各个领域。因此，北京要提前实现建设世界体育城市的发展目标，首先是要加快北京世界体育城市建设中公共体育服务信息平台的构建与完善，为举办各项体育赛事，促进全民健身与全民健身深度融合发展提供信息保障。但构建北京世界体育城市的公共体育服务信息平台运行机制是一个极其复杂的长期系统工程，应在城市网格化管理的基础上，以信息化基础设施为载体，以通信技术水平为核心，把北京世界体育城市建设中的公共体育服务信息需求的数据中心、信息应用平台等逐步叠加上去，然后使得所有的城市公共体育信息资源都能共享，彻底解决北京世界体育城市中公共体育服务信息化的孤岛问题。构建北京世界体育城市建设中公共体育服务信息平台运行机制是利用政府、社会与市场等资源，围绕北京世界体育城市建设的公共信息产品和服务需求，对北京世界体育城市建设需求的公共信息设施及其所承载的服务进行管理，优化配置城市公共体育信息资源，从而实现城市公共体育服务信息平台的构建，如能把公安、交通、邮电、通信、排水、能源等最基础的公共设施的信息汇集、组合，并与其他的公共服务信息系统逐步叠加上去，是实现北京世界体育城市建设的公共体育信息共享和共用以及加快北京世界体育城市建设发展至关重要的一环。根据 2010 年北京市政府市长决策课题《北京建设国际体育中心城市的相关理论问题研究》证明，成功举办了 2008 年奥运会的北京，事实上已经成长为国际体育中心城市。但北京与纽约、伦敦、巴黎这样全球公认的国际体育中心城市相比，北京在建设世界城市融合需求的公共体育服务信息平台的构建还远远落后于现代信息科学技术的发展，不能有效利用现代科技来应对北京世界体育城市建设中公共体育

服务信息平台的需求。北京市在“十三五”时期体育发展改革规划中明确提出“加强体育信息化网络平台建设”的发展战略。“提高北京体育信息化管理与应用水平，加快各类信息平台建设，整合各类体育资源信息并及时发布，为市民提供便利的体育信息化服务，为建设世界体育城市提供数字化信息化平台支持”是北京市“十三五”时期体育发展改革规划提出的具体目标。因此，借北京冬奥会的战略机遇，在加快北京世界体育城市建设的发展过程中，积极推动城市公共体育服务信息平台的构建，创新城市公共体育服务信息平台运行机制，最大限度地整合现有公共体育信息资源、避免重复建设，真正实现北京世界体育城市建设的公共体育服务信息化、网络化和科学化管理，是实现冬奥会推动世界体育城市建设可持续发展的重要途径（图 3-8）。

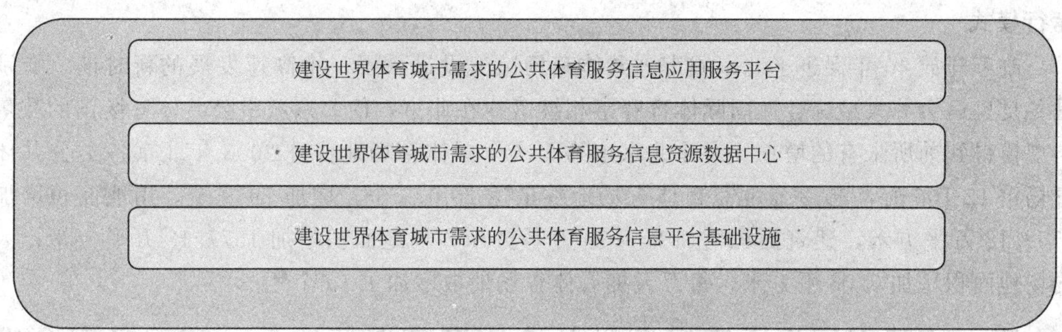

图 3-8　北京建设世界体育城市需求的公共体育服务信息平台运行框架

二、建立城市公共体育资源综合运行平台，促进冬奥会推动北京世界体育城市建设

北京建设世界体育城市是一项涉及财政、税务、安保、交通、卫生、文化、旅游、广电、城建、海关、信息、新闻出版等多个领域的复杂系统工程。因此，北京要实现世界体育城市建设的发展目标，除了利用北京城市的经济、政治、文化和科技要素的优势外，还离不开北京城市体育产业结构的优化升级、社区体育治理、体育文化生态环境的提升、体育民生建设改善和体育公共基础设施建设的完善等方面的综合运用。从北京世界体育城市建设建设的进程中来看，北京世界体育城市建设中的各种公共体育资源动力因素之间存在着耦合机制。创新优化体育产业结构是实现北京世界体育城市建设的基本要求，创新社区体育治理环境和优化体育文化生态环境是实现北京世界体育城市建设的基础，而推进体育民生的改善和体育基础设施的完善是实现北京世界体育城市建设的核心要素。但不同时期的公共体育资源对实现北京世界体育城市建设的发展目前有着决定性的影响，为此，创新一个技术先进、保障体系完善、安全可靠、功能强大、集成化的北京世界体育城市建设的公共体育资源综合运行平台，是实现北京世界体育城市建设的快速，促进城市和谐发展提升市民幸福指数的重要举措。

1. 优化体育产业结构转型升级

重点发展体育服务业，大力培育体育市场主体，积极扶持中小体育企业，促进体育产业良性发展，从科技融合、空间融合、文化融合和社会融合驱动城市转型。

2. 创新社区体育治理环境

健全社区体育安全防范体系，丰富社区文化体育生活，提升社区体育公共服务自治能力，落实社区体育自治配套政策和保障措施。

3. 提升体育文化生态环境

以可持续发展的理念和方式对城市公共体育文化设施进行建设，保护城市体育文化生态环境不受破坏，通过建设体育文化生态城市，提高城市居民的体育文化生活环境服务质量和水平。

4. 体育民生建设工程改善

建立健全城市公共体育服务体系，提升城市居民体质健康水平，促进城市居民生活幸福指数提升，实现打造健康幸福城市的发展目标。

5. 逐步完善城市公共体育基础设施，构建公共体育场馆服务全民健身开展的多功能运行模式

改革开放40年促进了北京城市公共体育场馆建设进入了一个高速发展的新时期，特别是冬夏奥运会等大型综合性国际体育赛事相继落户在北京，使北京城市公共体育场馆的数量与规模得到前所未有的增长。对比北京市第5次全国体育场地普查2003年北京各类公共体育场馆12 106所，2013年北京市体育场地数量达20 075个，增加7969个，用地面积增加2562.18万平方米，建筑面积增加275.99万平方米，场地面积增加1577.13万平方米；人均场地面积增加0.05平方米，每万人拥有体育场地数增加1.19个❶。

三、构建市民生活幸福提升总体满意度指标体系，实现冬奥会推动北京建设世界体育城市的社会价值

北京冬奥会作为提升举办北京城市社会经济发展的重要载体，它的重要价值不仅体现在体育场馆建设、基础设施建设的增加上，也体现在北京城市环境利益、社会文化利益和城市形象的完善以及推动北京建设世界体育城市提高市民生活幸福指数上。因此，北京建设世界体育城市仅仅只是通过发展群众体育、竞技体育、体育产业和体育法律法规等来达到建设目标是不够的，应从北京建设世界体育城市未来的发展趋势出发，在找出未来北京建设世界体育城市的战略定位、优势及现实差距的基础上，以北京冬奥会战略为引领，以建设世界体育城市，促进城市居民幸福指数提升发展目标，这样的世界体育城市才称得上是名副其实的世界体育城市。从近几年北京建设世界体育城市的实践再次证明，从北京世界体育城市促进北京城市社会经济、基础设施和体育文化等发展方面与促进市民生活幸福指数的提升具有同等重要的价值。北京建设世界体育建设城市与不断攀升的人民生活幸福指数的提升依然是北京市民的不懈追求。2008年北京夏季奥运会开启了北京向世界体育城市建设迈进的新篇章，使北京城市体育场馆建设、全民健身基础设施建设和体育产业结构调整等方面均都取得了新进展。如北京夏季奥运会筹办的8年为北京创造200万个就业机会，极大地提升了市民的自豪感、归属感和凝聚力，2003—2011年北京连续被评为中国幸福感最高的城市。但北京建设世界体育城市促进市民生活幸福指数提升是指个体的较为稳定的幸福感，而不是暂时的生活快乐和幸福感。因此，北京建设世界体育城市促进市民生活幸福指数提升的总体满意度，是实现北京建设世界体育城市促进市民生活幸福指数提升的基础。北京建设世界体育城市促

❶黄兆媛，臧德喜，蒋艳杰．“外来因子”激活中国冰雪旅游产业的分析与探究［J］．沈阳体育学院学报2010，29（2）：22-24.

进市民生活幸福指数提升的总体满意度不仅具有广泛的内涵，而且是建立在市民社会生活和谐和个人生活和谐两个基础上的。为此，本研究以北京建设世界体育城市促进市民生活幸福指数提升的基本概念为基础，在立足于北京建设世界体育城市促进市民生活幸福指数提升密切相关的即市民的社会生活和谐和个人生活和谐两个方面上，构建出市民生活幸福提升总体满意度指标体系，以追求冬奥会推动北京建设世界体育城市的社会价值促进市民生活幸福指数提升的最大化。本研究构建出的市民生活幸福提升总体满意度指标体系共包括 3 个层次，由 2 大类 7 个因素 19 个指标体系组成，并经过多因素综合模糊评价方法，制订出 3 个层次，2 大类 7 个因素 19 个指标体系的权重（见图 3-9）。

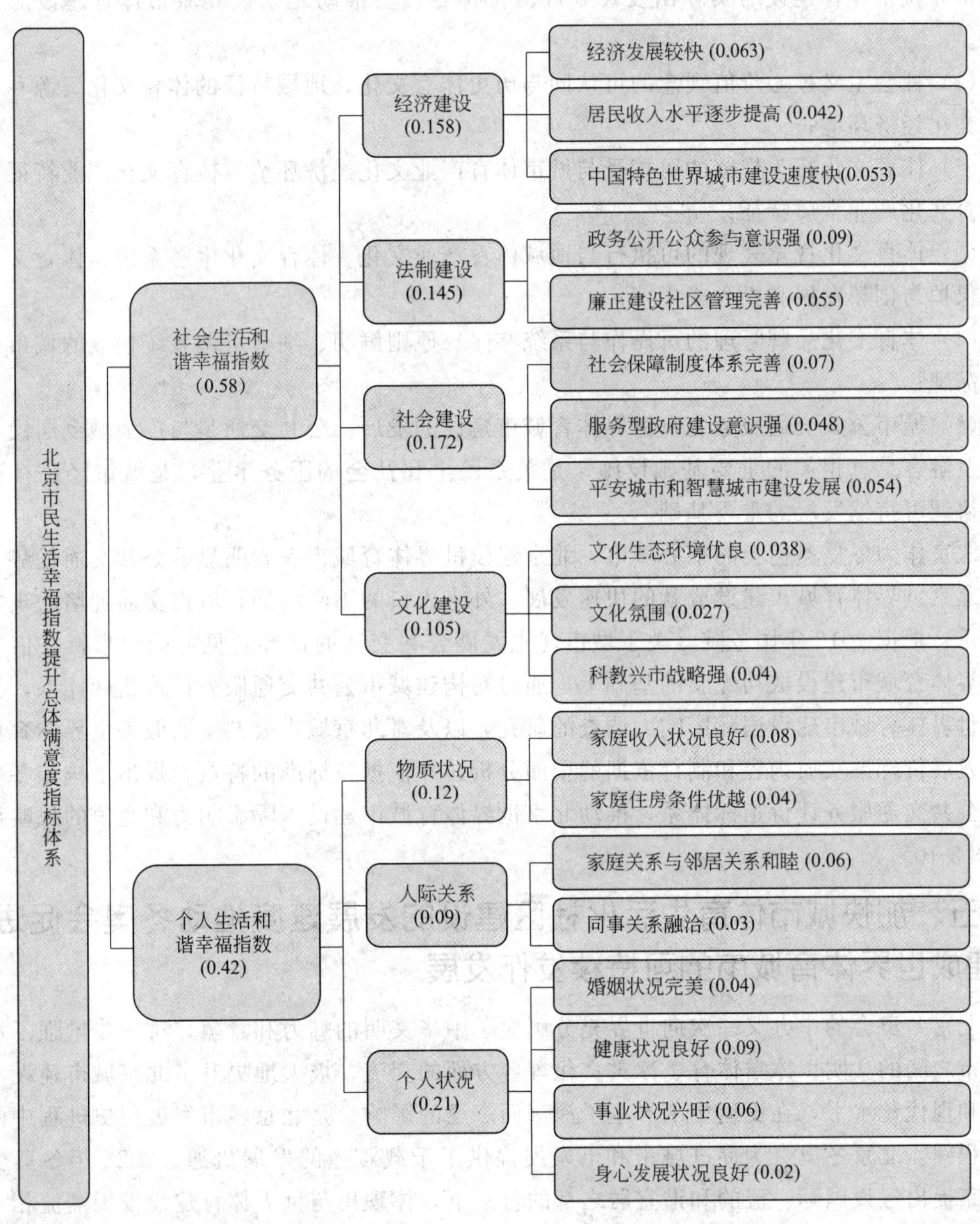

图 3-9　北京市民生活幸福提升总体满意度指标体系框架

四、构建冬奥会城市公共交通服务世界体育城市建设的评价指标体系，推动世界体育建设的国籍影响力和竞争力。

冬奥会推动北京建设世界体育城市的发展目标是实现城市文化、社会、经济和体育等要素的国际竞争力，塑造城市国际品牌和树立城市精神文明新形象，促进小康社会全面建成的重要举措。全面建成小康社会中的冬奥会推动北京世界体育城市建设可分解为下面几个维度：城市基础调研、城市理念识别、城市行为识别、城市形象识别、城市公共系统识别、城市文化整合传播等。因此要实现冬奥会推动北京建设世界体育城市的发展目标，应从冬奥会推动世界城市体育建设的实际出发，制订出符合冬奥会推动北京世界城市体育建设的发展目标。

（1）社会主义核心价值观念的可认同与历史体育文化，地域特征的体育文化资源和体育产业文化经济环境；

（2）体育文化行为规范的可接受与城市体育产业文化经济环境、体育文化产业特征和市民体育文化产业素质特征；

（3）体育文化视觉表现的可执行与地域体育产业文化、体育文化生态系统、体育文化生态＝保护与创新发展和投入成本等；

（4）体育文化品牌管理的可操作与系统有序、原则鲜明、细节可调系统构成的城市体育文化品牌；

（5）城市公共交通服务北京世界体育城市建设的发展。公共交通是与广大城乡居民日常生活及游客息息相关的重要基础设施，是关系民生和社会的服务事业，是城市经济社会全面、协调可持续发展的重要基础。

北京作为冬夏奥运会的举办城市，北京建设世界体育城市有着明显的公共交通优势。但随着北京世界体育城市建设成就的快速发展，外来人口的不断增加，城市交通拥堵的现象十分严重。根据 2012 年国务院《关于城市优先发展公共交通的指导意见》的要求，在借鉴国外世界体育城市建设成功经验的基础上，通过对构建城市公共交通服务评价指标体系，推动北京世界体育城市建设国际影响力调查的研究，以及对北京城市公共交通服务世界体育城市建设发展价标准实质内容和制订依据的全面分析，并依据该标准的特点，提出了构建冬奥会城市公共交通服务评价指标体系，推动北京世界体育城市建设国际影响力和竞争的战略设想（见图 3-10）。

五、加快城市体育生活化社区建设的发展速度推动冬奥会促进北京建成世界体育城市的可持续发作发展

北京冬奥会的举办又一次向世界充分彰显了中华文明的魅力和意蕴，进一步增强了城市与城市之间的文明、冰雪体育、冰雪文化等各方面的交流，极大地提升了北京城市建设的国际化和现代化水平，在奥运史上产生了深刻而广泛的影响，是北京城市发展历史进程中的重要里程碑。北京冬奥会为促进城市和谐发展提供了千载难逢的发展机遇，2022 年冬奥会正值北京提出建设国际一流的和谐宜居之都的背景下，体现出与世界体育建设发展潮流相一致的时代特征。体育生活化社区是指把体育渗透到城市社区居民的日常生活中，成为衣、食、住、行以外的第 5 基本生活要素。自北京市 2004 年开始率先提出“体育生活化社区建设”

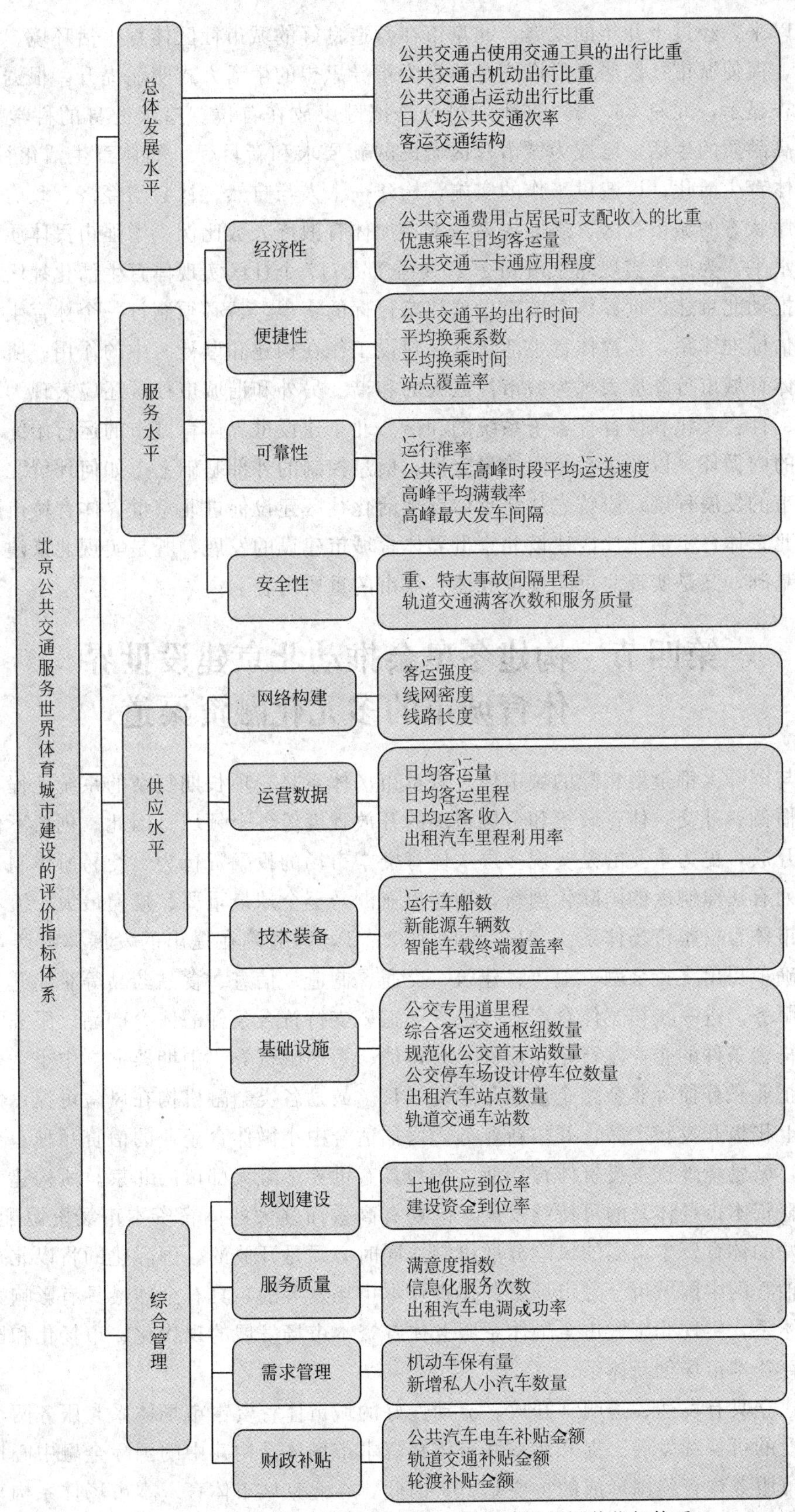

图 3-10 北京公共交通服务世界体育城市建设的评价指标体系

的新理念以来，经过十几年的发展，北京市在营造良好的城市社区体育生活环境，形成体育文化氛围，促使城市社区居民形成终身体育为指导思想的生活方式明显提升。根据我们最近一项的调查显示，北京 86.00%的社区居民已把健康放在首位。追求健身的科学化和生活化，期待高品质的生活，已成为城市社区居民的新要求和新目标。而体育生活化社区建设，就是通过体育生活化社区建设工作的实施，构建一个人与自然、社会与经济、政府与市民和谐共生有序状态的城市社区，逐渐提高经常参加体育锻炼人数比例、增强市民体质、提高生活质量和水平。为此要实现北京市到 2020 年全部 2717 个社区实现体育生活化社区全覆盖的目标，为推动北京建设世界体育城市发展战略目标的实现，就必须制订一个体育生活化社区建设的评估标准体系，发挥体育生活化社区建设工作在构建和谐社区中的作用。所以，北京建设世界体育城市首先应表现为城市社区人的和谐。另外和谐城市社区还应表现为自然、经济、政治、社会文化和体育等各子系统的和谐。北京建设世界体育城市的运行始终建立在子系统各自的内循环，以及子系统间能量交换、信息控制的外部基础上。如何评价北京建设世界体育城市的发展程度，应首先从北京体育生活化社区建设促进北京世界体育城市建设的发展来说。北京体育生活化社区建设北京世界体育城市建设的发展，既是实现北京建设世界体育城市的基础，又是实现北京建设世界体育城市的重要内容。

第四节　构建冬奥会推动北京建设世界体育城市的多元化融资渠道

构建与国际大都金融相配的城市体育资本市场体系是一项长期复杂的系统工程，涉及体育的国际惯例、外交，体育政策和金融市场的开放程度等各个领域。因此，创新不仅仅是单纯的市场开放，更为重要的是实现多层次体育资本市场的投融资行为、交易所体制、监管机制等一系列有法律制度的国际化创新，构建出亚洲乃至全球最重要、规模最大、流动性最好的中国城市体育资本市场体系。2014 年 10 月 21 日，国务院在提出的发展体育产业新政策的中，明确地提出支持金融、地产、建筑、交通、制造、信息、食品药品等企业开发体育领域产品和服务。进一步拓宽体育产业投融资渠道，支持符合条件的体育产品、服务等企业上市，支持符合条件的企业发行企业债券、公司债、短期融资券、中期票据、中小企业集合票据和中小企业私募债等非金融企业债务融资工具。鼓励各类金融机构在风险可控、商业可持续的基础上积极开发新产品，开拓新业务，增加适合中小微体育企业的信贷品种。支持扩大对外开放，鼓励境外资本投资体育产业。作为具有世界金融大都市的北京，所构建大都市金融服务体育资本市场体系的可持续发展，既要有高效而强大的体育资本市场资源配置能力，又要有良好的体育资本市场的风险分散机制，同时必须是开放的，国际化的将以北京体育资本市场为轴心的中国城市金融市场服务体育资本市场发展的，具有全球最具有影响力的体育资本市场体系，实现北京城市金融体系服务体育资本市场发展的现代化、市场化和国际化发展中国体育资本市场创新体系。

（1）建立具有发达、透明、开放、流动性好的城市体育资本市场体系，服务两个城市融合创新建设的可持续发展。提升北京城市体育资本市场体系构建中的国际金融中心地位是推动体育强市服务体育强国形成的重要基石。因此，在北京城市体育资本市场体系构建中具有丰富的金融资源服务两个城市融合创新建设的可持续发展，特别是在城市体育资本市场的存量金融资源调整、风险流动和分散、体育经济增长的财富成长模式和分享机制等方面，在构建与国际大都金融相配的城市体育资本市场体系结构中，体育资本市场处在核心和基础地位，具有多层次、开放性和国际创性的核心元素。

（2）构建具有多层次、创新性、开放性和高效益的符合国际大都市金融市场发展的体育资本市场体系。构建具有多层次、创新性、开放性和高效益的符合国际大都市金融市场发展的体育资本市场体系可能是21世纪北京金融市场变革的伟大事件，它是北京金融崛起服务体育发展的重要标志，是实现我国北京国际体育中心城市与世界城市融合创新建设可持续发展城市经济持续稳定增长的重要保障。目前北京成为全球新的国际大都市金融中心，成为全球金融新的增长极，已经势在必行。作为中国大都市金融基石的北京体育资本市场体系，其未来发展的战略目标一定是国际大都市金融中心服务两个城市融合创新建设可持续发展的主要载体。

（3）构建具有创时代特征、中国特色和满足客户多样化需求的体育资本市场体系。随着全球体育经济格局的变化和调整，国际大都市金融市场服务城市体育资本市场体系构建新格局实际上正在发生巨大变化。这种巨大变化服务北京奥运会城市融合创新建设可持续发展的金融市场显然具有提供流动性、过滤风险、创造产品并通过市场机制发现价格和基于金融市场产品的风险组合或资产增值的4种功能，服务北京两个奥运会城市融合创新建设可持续发展的实现，推动世界体育城市建设的快速发展。

（4）构建体育产业与资本市场共生运行的发展模式。体育产业资本市场是一种集体育产业、金融、科技管理与市场一体的资金创新运作模式。中外体育产业资本市场发展的实践证明，体育产业资本市场对区域体育产业企业的技术产品孵化功能、产业资本聚集效应和体育产业企业知识溢出效应产生系统的循环功能，能够促进体育产业企业的发展。随着近几年来我国体育产业资本市场的快速发展，有关构建体育产业与资本市场共生运行发展模式引起了体育学界研究者的高度关注。北京冬奥会的举办和体育产业与资本市场的高风险以及高收益的特征决定了三者之间具有天然耦合的联系。北京冬奥会的筹办为北京体育产业与资本市场共生运行的发展带来机遇。国家发展体育产业的政策多次提出进一步拓宽体育产业投融资渠道，支持符合条件的体育产品、服务等企业上市，支持符合条件的企业发行企业债券、公司债、短期融资券、中期票据、中小企业集合票据和中小企业私募债等非金融企业债务融资工具的实施措施。但体育产业资本市场是一项极其复杂的系统工程，其在运行过程中主要涉及到到三方参与主体：风险投资者（风险资本供给主体）、风险投资家（风险资本运行）与风险资本需求者（风险资本需求主体）。从1996年4月10日，青岛双星第一家从事体育产业的公司在深圳证券交易所成功上市以来，包括百丽集团、李宁、安踏、匹克、特步、乔丹、361度、鸿星尔克、智美集团等一批在中国香港、新加坡等上市的体育产业公司在内，目前，我国已发展到以体育产业和冬夏奥运会为概念的上市公司为241家。其中，已有乐视体育、万达、华人文化、腾讯体育、苏宁体育、探路者等50多家A股上市公司，并有莱茵体育、阿里体育纯等20多家体育产业A股上市公司。另外在新三板市场（包括体育赛事运营类、俱乐部类、培训类、传媒类、场地场馆类和装备类公司）和体育产业相关的公司已经超过50余家。根据Fellow Data的研究显示，从2013年到2016上半年，资本市场在体育产业领域新创业项目数量已达到667家，已经有25家多家体育产业公司实现了上市或者并购退出。通过体育产业资本市场融资获取了巨大的经济效益，促进了体育产业的发展。为此，本课题尝试从产业创新共生的角度建立起体育产业与资本市场共生的运行发展模式，为构建多元化体育产业资本市场体系提供资金支持，服务冬奥会推动北京世界体育城市建设的发展（见图 3-11）。

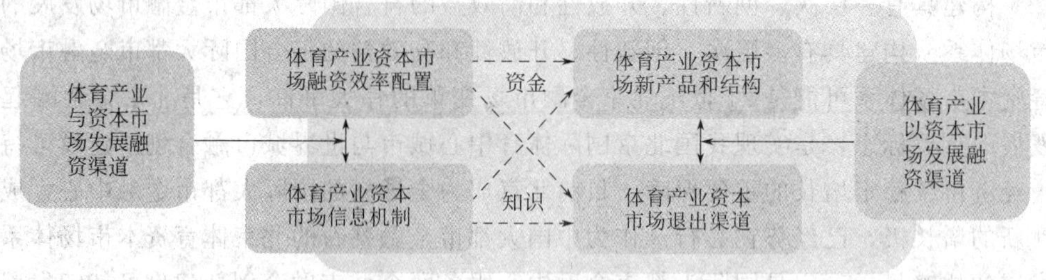

图 3-11　体育产业与资本市场共生运行模式的基本框架

第五节　借力冬奥筹办机遇，加快健身休闲产业发展，为北京建设世界体育城市提供动力

健身休闲产业是以运动休闲资源为载体、以参与体验为主要形式、以促进身心健康为目的，向大众提供相关产品和服务的一系列经济活动，涵盖健身服务、设施建设、器材装备制造等业态。借冬奥会筹办机遇，加快促进北京健身休闲产业发展是推动健康产业向纵深发展的强劲引擎，对挖掘和释放消费潜力、保障和改善民生、培育新的经济增长点、增强经济增长新动能，为北京建设世界体育城市提供动力的重要保障。

一、实施健身休闲产业集群协同创新策略

健身休闲产业作为促进体育全面发展的重要动力，正以鲜明的市场导向将北京体育的发展推进经济领域。正是基于这样的情况，北京高度重视健身休闲产业的发展，在《北京关于加快发展健身休闲产业的实施意见》中明确制订了富有建设的意见及实施措施，以推动健身休闲产业其有序发展，提出了到 2025 年健身休闲产业总体规模要达到 1 万亿元的发展目标。因此，在北京提出发展健身休闲产业的战略机遇期，如何积极贯彻落实北京提出的发展健身休闲产业的目标，在北京筹办冬奥会的发展过程中，通过借冬奥会筹办契机，实施北京健身休闲产业集群协同创新发展策略，把北京健身休闲作为绿色产业、朝阳产业和低碳产业培育扶持，对促进健身休闲产业健康快速发展具有重要的拉动作用。但由于目前我国对健身休闲产业的研究起步较晚，实施健身休闲产业发展集群协同创新策略遇到的不确定因素较多，应在深刻把握健身休闲产业集群协同创新发展策略本质的基础上，从健身休闲产业政策、投资主体、资源共享、技术创新和人才创新等方面实施健身休闲产业集群协同创新的发展策略。据此，本研究从北京健身休闲产业集群创新中的企业应以共同利益为出发点，通过北京健身休闲产业价值链不同环节点的协同创新开发新产品、新技术和新思想，并能够将模仿创新、自主创新、价值创新、低成本创新和破坏性创新策略等有效运用到健身休闲产业发展的过程中，形成自身竞争优势和独特的创新运行模式，带动北京健身休闲产业集群创新能力的升级，形成比较成熟的北京健身休闲产业集群创新企业，促进北京健身休闲产业的健康发展（见图 3-12）。

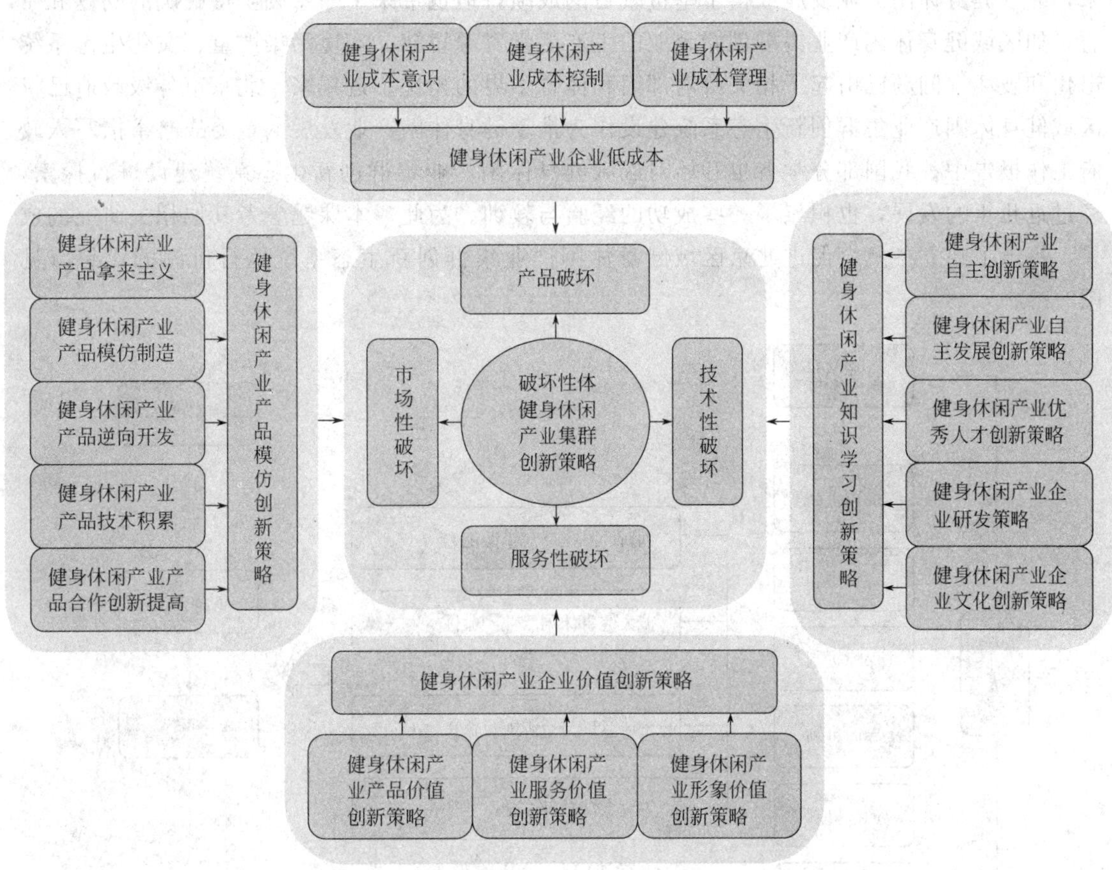

图 3-12 北京健身休闲产业集群协同创新发展策略的基本要素

从图 3-12 可见，实施北京健身休闲产业集群创新是一项极其复杂的系统工程，涉及到健身休闲产业政策、投资主体、资源共享、技术创新和人才创新等方面。因此，要加快实现北京健身休闲产业发展集群创新的协同发展，应采用扎根理论的研究方法，通过区域健身休闲产业发展集群创新协同发展策略的调查，以及在借鉴其他研究相关成果的基础上，从健身休闲产业发展的产品层面可以通过健身休闲产业产品拿来主义、模仿制造、逆向开发、技术积累、产品合作创新提升的模仿创新策略，健身休闲产业自主创新、优秀人才创新、企业研发创新和企业文化创新策略，健身休闲产业产品价值创、服务价值创新、形象价值创新策略，健身休闲产业产品成本意识、成本控制、成本管理创新策略，到健身休闲产业产品市场性破坏、技术性破坏、服务性破坏的创新策略，最终目标是实现区域健身休闲产业集群协同创新的内部结构优化及相关健身休闲产业集群协同创新服务理念的创新，共同实现健身休闲产业集群的协同发展。

二、构建冬奥会促进北京区域健身休闲产业集群创新的运行机制

1. 构建北京冬奥会促进北京区域健身休闲产业集群创新生态系统运行机制

区域健身休闲产业集群创新生态系统具有自然生态系统相似的系统演化特征，它耦合了区域健身休闲产业企业群落、城乡经济、社会和环境系统而生成复杂系统。改革开放 40 年

来，北京健身休闲产业发展取得了举世瞩目的成绩，但也带来了一系列亟待解决的问题和矛盾，如区域健身休闲产业集群创新企业的生产要素资源短缺、环境污染严重、文化生态系统退化和破坏等问题已引起了相关政府部门和体育学界的担忧。近年来，北京市各级政府已将区域健身休闲产业集群创新生态系统建设作为推动健身休闲产业发展的重要战略举措写入政府工作报告中。我国部分学者也开始对区域健身休闲产业集群创新生态系统建设进行探索，经过近几年的发展，也积累了一些成功的经验与教训。为此，本课题参考其他相关研究的成果，提出了建立冬奥会促进北京区域健身休闲产业集群创新生态系统运行机制的设想（见图3-13）。

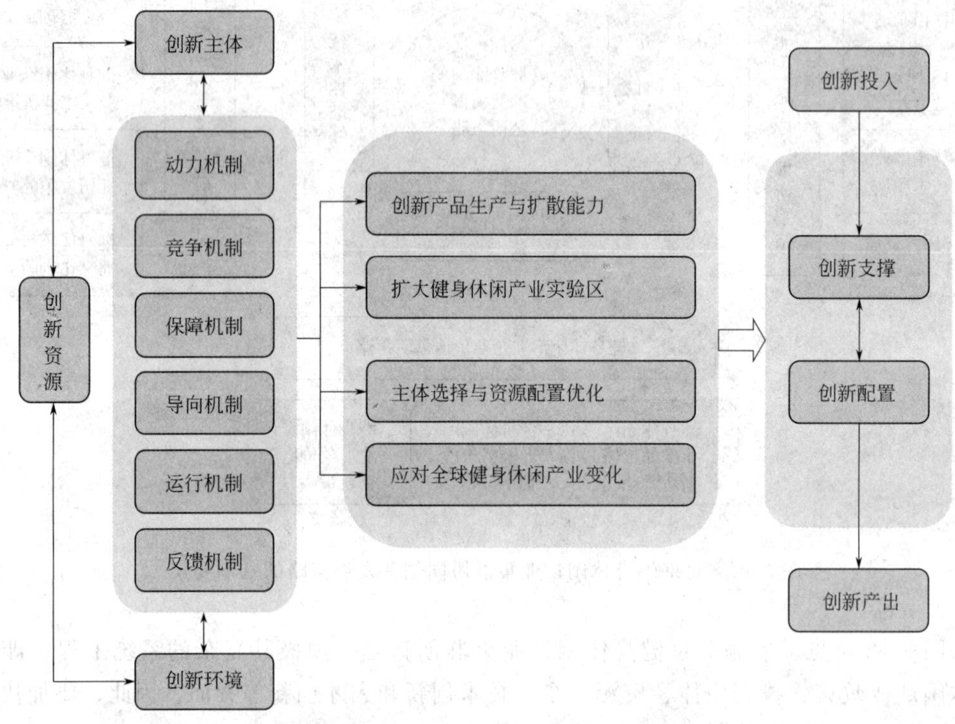

图 3-13　冬奥会促进北京区域健身休闲产业集群生态系统运行机制

2. 构建冬奥会促进北京区域健身休闲产业的品牌价值传递机制

区域健身休闲产业集群创新是在地理空间和范围内进行聚集，使各个利益主体在获取更高健身休闲产业经济利益的目标驱动下，在核心健身休闲产业区聚集并产生外部健身休闲产业集群经济效应的经济现象。因此，区域健身休闲产业集群创新是属于产业经济范畴，其健身休闲产业集群创新所产生的外部规模经济和外部范围经济，对中小型健身休闲产业集群创新企业具有很强的吸引力，将不同的中小型体育产业集群创新企业陆续集中在一起，以体育产业企业为载体，通过极化、扩散乘数效应降低了健身休闲产业企业交易成本，提高了区域健身休闲产业企业网络办事效率，形成了良性循环的区域健身休闲产业市场健康发展的环境，实现区域健身休闲产业间的资源化配置，带动健身休闲产业核心区域的信息、技术、人力资源向欠发达区域辐射，形成具有国内外市场竞争优势的健身休闲产业集群创新基地，逐步完善和建立起区域间协同发展的运行机制和保障机制，形成东、中、西部区域健身休闲产业集群创新良性互动发展的新格局。目前，作为区域健身休闲产业经济发展的领头模式，区域健身休闲产业集群创新经济现象备受体育学界高度关注。建立冬奥会促进北京区域健身休闲产业的品牌价值传递机制对实现北京健身休闲产业的发展十分必要。区域健身休闲产业企业是由健身休闲产业品牌、知识共享、生态创新与品牌价值创新传递共同形成的一个有机整体。特别是在区域健身休闲产业集群创新企业的价值链中，企业的品牌价值传递是一个一次通过供应商、生产企业、零售商和消费者的梯次传递过程，企业的品牌价值传递的有效性可以通过用消费者忠诚来衡量，企业品牌价值有效传递的影响因素是导致企业品牌价值链各环节消费者忠诚的影响因素的集合体，这些相互制约因素共同推动着北京区域健身休闲产业的品牌价值的有效传递，共同推动区域健身休闲产业集群创新的形成与发展，促进北京区域健身休闲产业经济的可持续增长（见图 3-14）。

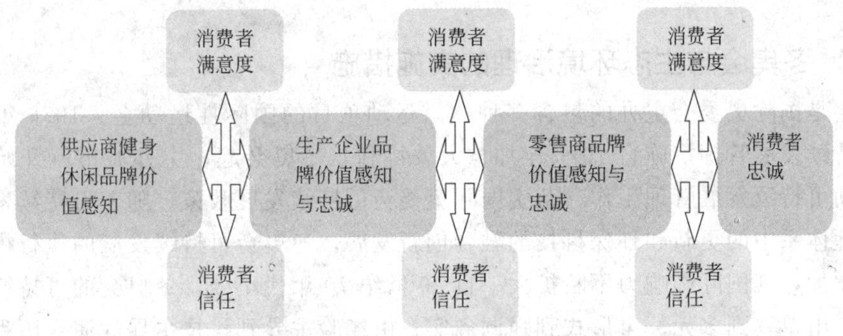

图 3-14　冬奥会促进北京区域健身休闲产业品牌价值传递机制的模型

三、创新冬奥会促进北京区域健身休闲产业发展金融服务体系

目前北京各类金融服务平台的运行模式各具特色，其中，创新冬奥会促进北京健身休闲产业发展政府主导的金融服务运行平台发展模式是促进北京健身休闲产业发展的重要途径。创新金融服务体系的构建主要以财政资金为引领，整合各类中小型健身休闲产业企业的资源和金融资源，强调北京政府财政资金的引导作用；面向健身休闲产业企业信贷项目评审专家咨询服务平台是由国家和政府共同合作，整合健身休闲产业金融服务的人才资源。面向健身休闲产业企业的金融综合服务平台及应用示范区项目是借助信息平台整合健身休闲产业企业金融要素，强调的是信息技术手段的运用；市场主导型的社会化健身休闲产业企业的金融服务平台（见表 3-2）。

表 3-2　冬奥会促进北京区域健身休闲产业政府主导的金融服务平台运行模式及特征

名称	运行模式	特征
健身休闲产业金融服务中心	以政府财政资金为引导，有效整合科技计划、科技项目、科技成果、科技企业等各类科技要素，以及金融财政资金、银行信贷、股权投资、健身休闲产业保险、担保等各类健身休闲产业企业的金融资本要素，创新健身休闲产业企业金融产品和工具，为区域中小型健身休闲产业企业不同发展阶段提供融资服务	建立政府引导整合各方区域健身休闲产业企业金融服务资源，服务区域健身休闲产业企业发展的模式
健身休闲产业企业信贷项目评审专家咨询服务平台	地方金融部门上报、省部级金融部门审核、中国银监会确认的体育产业集群创新企业金融服务专家信息入库模式。	建立国家部门和地方政府共同合作整合区域健身休闲产业企业金融服务的人才资源模型

续表

名称	运行模式	特征
面向健身休闲产业企业的金融综合服务平台及应用示范区项目	以科学化、网络信息和实现全球化为手段，在北京健身休闲产业集群区等通过搭建包括健身休闲产业集群企业的融资服务、中介服务、知识产权交易服务、金融产品创新与研发、信用体系、政策支撑体系以及数据基础设施体系7个子系统的面向区域健身休闲产业企业的金融综合服务运行平台	建立以科学化、信息化和全球化为手段的整合区域健身休闲产业企业的金融要素服务模式

四、加快雾霾治理为冬奥会推动北京全面建成世界体育城市提供良好的生态环境

（一）冬奥会与生态环境治理的实施措施

冬奥会是国际奥委会主办的包含多种冰雪运动项目的国际性运动会。1976 年以来历届冬奥会可持续发展管理措施自 1976 年加拿大蒙特利尔冬奥会起，主办城市就开始有意识采取措施推动可持续发展管理工作，落实国际奥委会可持续发展政策。随着可持续发展理念在冬奥会管理体系中的更新和环保科技的融合创新发展，冬奥会可持续发展的执行措施内容和措施不断增加，其国际影响力不断扩大。自 20 世纪 70 年代至今，冬奥会的可持续发展管理措施历经了由单一到多元、重形式到强调务实、由经验主导到科技主导的演变历程，其冬奥会对推动城市体育发展的影响也愈发深远（表 3-3）。

表 3-3　冬奥会可持续发展管理执行措施

时间	举办地	实施手段与措施
1976	加拿大蒙特利尔	根据国际奥委会可持续发展管理政策，从冬奥会筹办过程加强环境保护、冬奥会参与者的环保行为，给每位参加者发放一株树苗带回家种植，从环保理念引入了冬奥会生态环境保护的可持续，为举办城市冰雪旅游生态化发展提供了动力
1980	美国普莱西德湖	在冬奥会的举办中，利用临时绿色建筑，遵循国际奥委会可持续发展管理的若干文件，依据系统循环使用的建设理念建筑永久性场馆和基础设施等，为普莱西德湖城市冰雪旅游的绿色发展指明方向
1984	南斯拉夫萨拉热窝	以 Vucko 的冬季奥运会吉祥物表达出人与动物和自然生态环境互为朋友的冬奥会可持续发展理念，为萨拉热窝举办地冰雪旅游生态化开发与规划带来新的生机
1988	加拿大卡尔加里	根据国际奥委会规定的冬奥会可持续发展管理文件的精神，改造冬奥会赛道为室内雪道供游客健身娱乐设施，在比赛冬奥会期间采取了多项保护野生动物的措施，为改变当地冰雪旅游者的环境保护提供重要的发展理念
1992	法国伯特维尔	依据《奥林匹克 21 世纪议程》采取了改善举办地保护生态环境的各项政策，主要从乡村社区、自然和人文环境、动物栖息地、水域生态资源、自然风险、城市生态环境等方面评估冬奥会场馆建设对举办城市环境影响的跟踪调查，提供后续举办冬奥会的国家和举办城市，为冬奥会促进举办城市冰雪旅游生化建设提供了借鉴
1994	挪威利勒哈默尔	根据国际奥委会 2005 年设立奥运会影响评估项目(OGI)的相关规定，从地理学、社会学、人类学等视角开展对举办冬奥会城市环境检测，与多家赞助商合作进行冬奥会生态环境保护的媒体报道与宣传；尤其在冬奥会场馆、火炬、奖牌和器材等使用中采取环保绿色材料建设或制造等途径，保护冰雪旅游生态环境的发展
1998	日本长野	在国际奥委会设立的体育与环境委员会的指导下，在保护敏感的举办地自然生态环境、动物栖息地、水域生态资源和自然景观的前提下，充分利用现有滑雪场进行赛事安排，提高了场馆设施的利用率，保护了举办地生态冰雪旅游的资源可持续，实现了举办地在保护生态冰雪旅游资源、生物多样和维持冰雪旅游资源利用的可持续型

续表

时间	举办地	实施手段与措施
2002	美国盐湖城	采用多国举办冬奥会生态环境保护的经验，从城市环保的零浪费、零排放、林业宣传、零误差符合环保和安全性等方面进行环境保护方案的设立，为冬奥会的成功举办打下良好生态环境条件，实现冬奥会城市冰雪旅游的社会、经济和生态环境保护的平衡发展
2006	意大利都灵	制订生态环境评价顶层设计发展战略、监测生态环境实现的科学计划，构建生态环境经济管理系统；实施冬奥会场馆和基础设施建设的政府绿色采购，建立冰雪旅游住宿服务生态标签工程和采用废弃物回收等计划实施措施，向游客、观众、运动员和记者等不同人群发放环保宣传单；开展环保宣传，环保会议、举办环保展览；赛后引进系列国际赛事及冰雪旅游生态化建设的一系列活动
2010	加拿大温哥华	采用科技节能技术在冬奥运村建设节能率40%以上的节能系统；在会议中心建设绿色化、生态化的屋顶，减少了冬奥会比赛期间近70%的淡水流失；实施生态环境的“零排放”战略，鼓励绿色和智能出行，开展多样化的碳排放管理项目；通过建立移栽湿地植物保护生物多样性实施的战略工程，实现了举办地冰雪旅游生态化发展的生态效率的价值释放
2014	俄罗斯索契	冬奥会场馆建筑按照BREEAM标准的要求建设，发布首个国家生态环境建设标准；规定在全国的新建建筑应根据节能减排的环保要求进行建设；在城市基础设施建设中大量使用可再生能源，城市规划和建设采用智能管理和照明调节系统；推行水资源和冰雪资源的优化利用方案；要求在建筑物附近建造动物过往通道和转移稀有动植物的实施方案，鼓励在冰雪旅游中使用节能交通工具，实现城市冰雪旅游对环境影响的减少，促进冰雪旅游生态化发展
2018	韩国平昌	科学使用环保建筑材料建造节能型冬奥会场馆和基础设施；实施冰雪场馆和冰雪旅游土地赔偿方案；建设城市废水再利用和雨水管理系统；利用再生能源（如风能和太阳能）；修建高铁，扩大对公共交通工具的利用。建立与周边国家冬奥会冰雪旅游协作战略

北京和张家口冬奥会筹办期既是冬奥会促进京津冀冰雪旅游产业生态化发展关键时期，又是一个长期复杂的系统建设工程，不仅涉及北京和张家口城市的社会、经济和科技发展水平，而且还涉及国际惯例、外交制度和政策以及金融市场的开放程度等领域。因此，北京和张家口在制订冬奥会促进京津冀冰雪旅游产业生态化发展的策略时，应按国际奥委会2002年夏设立的OGGL（奥运会整体影响研究）评估项目、2005年设立奥运影响评估项目（OGI）的具体要求，在可持续发展理念的引领下，以实现“绿色办奥、共享办奥、开放办奥、廉洁办奥”等理念为目标，根据北京和张家口冬奥会促进京津京冰雪旅游产业生态化发展的智慧化、数字化、科技化和生态环境保护的特殊需求，通过北京和张家口冬奥会促进京津冀冰雪旅游产业生态化发展的信息化管理系统和大数据综合模型的构建，优化北京和张家口冬奥会促进京津冀冰雪旅游产业发展智慧化、数字化、科技化和生态环境的保障系统，形成北京和张家口冬奥会促进冰雪旅游产业生态化发展的物质流、能量流、信息流、人口流和资金流的综合管理运行机制，使北京和张家口冬奥促进京津冀冰雪旅游产业资源丰富、生态环境建设显著提升和国内外游客资源的持续增长，实现北京和张家口冬奥会促进京津冀冰雪旅游产业开发的社会、经济和生态环境3者的平衡发展。

（二）加快京津冀雾霾治理，加快冬奥会推动北京建设世界体育城市快速发展的措施

近年来，随着生态环境的被破坏，京津冀雾霾现象日趋严重，它不仅严重威胁了公众的生活与健康，而且对社会经济的发展造成了制约。因此，对京津冀雾霾现象的治理，已经成为京津冀现阶段亟待解决的问题。以北京市为例，北京大气污染形势相当严峻，2013年，

“雾霾”成为年度关键词。这一年的1月，4次雾霾过程笼罩30个省（区、市），在北京，仅有5天不是雾霾天。2015年的两次红色预警之初，北京的天气处于静稳状态，北京市的机动车实行单双号限行，机动车的排放大幅度降低，对雾霾的“贡献”比重大幅度降低，尽管如此，北京的雾霾还是持续加重。2017年，李克强总理亲自将“坚决打好蓝天保卫战”写入报告，北京环保局提出了“向雾霾亮剑”的口号，对雾霾进行“重拳”出击。因此，确保北京和张家口冬奥会举办期间的“蓝天”，并使“冬奥蓝”成为可持续的“常态蓝”将成为全世界关注的焦点问题。如2014年12月韩国媒体就以《再见，索契的泥雪。你好，中国的雾霾?》为题调侃北京申冬奥的行为，质疑中国治理环境污染的决心和能力，尽管这样的论调在国外舆论中虽不占主流，但却足以证明在一定的范围内影响其国内外对北京和张家口举办冬奥会生态生态环境治理的国际形象。因此，采取必要的措施和手段加快京津冀地区雾霾的治理是保障冬奥会成功举办的战略之举。当前京津冀治理雾霾主要从煤改清洁能源、减少电力行业的污染排放、治理高排放车、推动燃气设施的减排、清理整治制造业和污染企业、促进重点行业企业的转型升级等方面进行治理。实现北京政府承诺2022年的PM2.5比2012年下降45%的目标。可以断言，随着国家雄安新区建设战略的实现和京津冀协同一体化的深入开展，到2022年出现“冬奥常态蓝”推动北京建设世界体育城市的发展目标应该不会是空想，也是中国和全世界人民的共同期盼。

五、大力实施体育民生工程，进一步提升市民幸福指数

冬奥会促进北京世界体育城市建设的发展目标不仅是实现现代化城市建设的文明程度，承载着现代化城市建设的发展历史，彰显当今城市综合建设实力，也是实现城市形象和市民素质相得益彰、交相辉映的综合体现。因此，创新冬奥会促进北京世界体育城市建设的发展路径，加快促进北京建成国际一流的和谐宜居之都的实现，不仅是实现北京生态文明建设争取之路，更是促进京津冀城市建设一体化发展的思考之路、探寻之路和可持续发展之路，对大力实施体育民生工程，进一步提升市民认同度、满意度和市民幸福指数具有重要的指导作用。根据冬奥会促进北京世界体育城市建设发展的成功经验，本课题提出了大力实施体育民生工程，进一步提升市民幸福指数，加快冬奥会促进北京世界体育城市建设的发展的总体思路。

（1）加快全民健身与全民健康的深度融合发展。全民健身和全民健康是国家综合实力的重要体现，是经济社会发展进步的重要标志。随着“全民健身”和“健康中国”上升国家战略，健康中国正式写入“十三五计划”、《全民健身计划（2016—2020年）》《全民健康计划（2016—2020年）》和《“健康中国2030”规划纲要》等多项纲领性文件的颁布实施，特别是在中共中央国务院致巴西里约奥运会中国体育代表团的贺电中提出“进一步激发广大人民群众支持和参与体育运动的热情，带动群众体育普及开展，促进全民健身和全民健康深度融合，积极推进健康中国建设”的发展战略以来，对其研究已经引起了党和国家的高度重视，成为社会关注的焦点问题和体育学术界研究的一个新领域。但全民健身与全民健身不只是健体强身，而是与社会、经济、教育和文化等事业相融合，形成互促共进的发展格局。全民健身-全民健康-全面小康已经构成了一个完整的逻辑链。全民健身与全民健康融合发展为大众创新、万众创业提供了新空间。只有全民健身与全民健康的深度合融发展，才能实现健康中国和全面建成小康的发展目标。对冬奥会推动北京建设世界体育城市产生重要的影响。全民

健身与全民健身融合发展对促进素质教育、文化繁荣、社会包容、民生改善、民族团结等具有重要价值。全民健身与全民健身融合发展是实现全体人民增强体魄，健康生活的基础和保障，加快全民健身与全民健身融合发展是推动健康中国建设，促进全面建成小康社会提升的重要驱动力，没有全民健身与全民健康的融合发展，冬奥会推动北京建设世界体育城市和全面建成小康社会的发展目标就难以完成。因此，在全面建成小康社会中必须把人们的健康放在优先发展的战略地位。通过加快体育社团组织规范化、社会化和实体化的发展，完善多元化的体育社团组织服务体系。全民健身是实现全民健康的重要途径和手段，推动全民健身与全民健康深度融合，将成为推动北京市市民主动健康的重要力量。但要实现两者深度融合发展的目标是一项长期复杂的系统工程，不仅需要人民、政府、社会共同参与、共同建设，也必须是市场化、全民化，突出全民动员、全民参与，实现两者融合促进国民体质健康水平和国民幸福健康指数提升，保障“健康中国”建设目标的早日实现。其采用的主要措施是：其一，通过推动“体医结合”，加强科学健身指导，积极推广覆盖全生命周期的运动健康服务，发展运动医学和康复医学，发挥中医药在运动康复等方面的特色作用。其二，进一步促进健身休闲与文化、养老、教育、健康、农业、林业、水利、通用航空、交通运输等产业融合发展。其三，通过健身休闲＋中华养生文化＋中医产业的融合发展，进一步促进健身休闲产业与健康产业互动融合发展。目前健身休闲产业与健康产业互动融合发展已经超越了传统健身休闲和医疗卫生产业的融合，它并不是特指某个具体产业，而是与“大健康”概念相对应的整体性产业联以及产业体系的融合发展。促进健身休闲产业与健康产业互动融合发展是北京城市社会快速发展的必然产物。实现健身休闲＋中华养生文化＋中医产业的融合发展是未来城市体育发展的重点内容，在城市体育场馆开放共享的同时，通过健身休闲和健康中国纲要的实施、健身休闲产业与健康产业融合建设精品示范工程的实施，科学健身和健康指导融入百姓的生活，冬奥会促进北京世界体育城市建设形成的惠民、利民和便民的“民生工程”才能实现应有的效果。

(2) 构建体育产业“民生产业”和“幸福产业”工程。以实施创新驱动发展为目标，调整体育产业结构、转变体育产业经济发展方式，通过多项发展体育产业政策和实施措施提升体育产业发展的国际化水平，构建区域社会经济、体育文化产业集群创新新格局为战略，大力发展新体育产业经济，疏通城市体育产业发展空间中各个层次的体育经济命脉和打造体育经济竞争平台，使体育产业成为“民生产业”和“幸福产业”。北京要想使体育产业成为“民生产业”“幸福产业”工程，必须加快冰雪产业的深度融合发展。世界体育城市建设的魅力不仅体现在其丰富的资本和信息、充沛的人流和物流上，更体现在其丰富的冰雪产业资源方面。北京市体育产业如何站在世界体育城市的高度将北京打造成为国际体育产业文化体育中心城市的国际形象，已经成为社会各界关注的重要课题。促进冰雪产业消费的转型升级。冰雪产业之所以被看作最有前途的朝阳体育产业类型之一，在很大程度上，是因为冰雪产业顺应了健康、休闲、绿色、生态和环保发展的新趋势。冰雪产业是一种新型的低碳型、环保型和生态型融合的发展体育产业的重要组成形式。在国际社会越来越重视健康休闲、生态环境、强调绿色发展的时代大背景下，北京政府应牢牢抓住冰雪产业与旅游的融合发展的机遇，围绕“冰雪产业＋旅游”战略布局，在全面推动冰雪产业与旅游融合发展项目的开发和生态环境保护方面建设工作的基础上，提升冰雪产业与旅游融合发展项目品质的特色，加快北京冰雪产业与旅游深度融合发展的力度，进一步推动冰雪产业的可持续发展。

(3) 构建体育民生工程。通过制订以体兴城，改善民生，共建体育民生工程建设规划的实施，一是在城乡社区推广多功能、季节性、可移动性、可拆卸、绿色环保的健身设施；二是利用政府、社会和市场化的发展资金，结合国家主体功能区、风景名胜区、国家公园、旅游景区和新农村的规划与建设，合理利用景区、郊野公园、城市公园、公共绿地、广场及城市空置场所建设休闲健身场地设施，加快冬奥会促进北京世界体育城市建设发展规划，通过北京世界体育城市与世界城市融合创新可持续发展管理体制机制的创新，提高世界体育城市建设的科学化管理水平，加快实现冬奥会促进北京世界体育城市建设的发展目标。

参考文献

[1] 国家体育总局党组. 聚精会神抓冬奥备战 加快冰雪运动普及提高[N]. 人民日报，2017-04-04.

[2] 李德川. 价值轮[M]. 北京：中国人民大学出版社，1987：13-14.

[3] 王传友. 北京奥运会价值研究[D]. 江苏：苏州大学，2010-09-12.

[4] 孙冬冬. 北京冬奥运会的经济价值分析[J]. 产业与科技论坛 2016,15(5):119-120.

[5] Committee. A Winter Olympic Marketing Report Vancouver[EB/OL]. http://www. olympic. org. 2015.

[6] 薛福岐. 2014 年索契冬奥会:俄罗斯需要成功故事[J]. 当代世界，2014(3)：5-7.

[7] 杨强. 冰雪旅游产业融合发展的动力与路径机制[J]. 体育学刊，2016,23(4):23-28.

[8] 陈麦池. 中国冰雪体育旅游的创意开发模式与产业升级路径研究[J]. 中国发展，2016,16(2)：25-26.

[9] 张欣，牟维珍. 冰雪旅游产业与边疆经济与文化产业融合发展探索[J]. 2013(5)：10-12.

[10] 王飞. 冰雪旅游业治理结构与运行机制研究[J]. 北京体育大学学报 2016，39(6)：32-35.

[11] 赵敏燕，朱少卿，李宇. 基于事件旅游效应理论的张家口冬奥城市发展研究[J]. 城市发展研究，2015(8)：105-109.

[12] 罗冉峰.《2016 中国滑雪产业白皮书》发布：全国 646 家滑雪场[EB/OL]. [2012-02-16]. http://sports. sina. com. cn/others/winter/2017-02-16/doc-ifyarrcc7438509. shtml.

[13] 白林. 2022 年冬奥会的蝴蝶效应：冰雪产业发展迎机遇[EB/OL]. [2016-03-14]. http://sports. sina. com. cn/others/winter/2016-03-14/doc-ifxqhnev6026754. shtml.

[14] 黄兆媛，臧德喜，蒋艳杰."外来因子"激活中国冰雪旅游产业的分析与探究[J]. 沈阳体育学院学报 2010，29(2)：22-24.

[15] 吕宁，黄晓波. 城市休闲的功能性研究——以北京建设世界旅游目的地为例[J]. 城市发展研究，2014.

[16] 北京市人民政府.《关于加快冰雪运动发展的意见(2016—2022)》[N]. 北京日报,2016-03-30.

[17] 张天宇. 冬奥会带热冰雪经济，促进冰雪运动产业发展[EB/OL]. 环球网，http://www. moe. gov. cn,2015-11-15.

[18] 邱招义. 谈北京申办 2022 年冬奥会:社会影响重大而深远[EB/OL]. 北京 2022 冬奥申委官方网站 http://sports. gmw. cn，2015-01-21.

[19] 李建. 我国冰雪旅游产业生态环境保护问题分析[J]. 沈阳体育学院，2009,29(2)：63-66.

[20] 梁希仪. 冬奥会能给张家口带来啥好处？旅游产业前景灿烂[N]. 中国体育报，2014-12-24.

[21] 王晋伟,张凤彪. 北京冬奥会的发展机遇与挑战[J]. 商丘师范学院学报，2015，(12)：

[22] 徐宇华,林显鹏 冬季奥运会可持续发展管理研究:国际经验及对我国筹备 2022 年冬奥会的启示[J]. 北京体育大学学报，2016,39(1)：14-19.

第四章 总结与展望

第一节　冬奥会推动北京建设世界体育城市的总结

2022 年北京冬奥会的成功申办给世界体育城市建设的发展带来了前所未有的信心与激情，随着北京冬奥会筹办工作的全面展开，对冬奥会推动北京世界体育城市建设的研究受到政府、社会和学者的广泛关注。由于目前我国对冬奥会推动北京世界体育城市建设的研究起步较晚，加之冬奥会推动北京世界体育城市建设的研究又是热点，因此，在今后的相关研究中，研究的视角选择与专业基础的紧密结合至关重要，尤其对冬奥会推动北京世界体育城市建设现实问题的有效解决更是研究的重要目的。

一、冬奥会推动北京建设世界体育城市的发展机遇

冬奥会是目前国际间最大的跨国、跨意识形态的和平与友谊的盛会，世界上许多城市都以举办一届冬奥会而感到自豪和幸福，各国也将能为本国的城市争得冬奥会举办权作为显示自身国际地位的象征。冬奥会为举办城市的社会和经济发展提供了动力，同时也为推动世界体育城市建设的发展提供了新机遇。城市通过举办冬奥会给全世界留下印象，从而得到政府和社会的资金支持，为建成世界体育城市提供了重要的物质保障。2022 年北京冬奥会作为奥林匹克周期性与高潮性的活动内容，是集体育、政治、经济、文化、环境等各种要素融于一体的超级国际盛会，2022 年冬奥会的举办不仅对北京建设世界体育城市带来动力，而且也对我国天津、南京、上海、广州等体育城市建设将产生重大而深远的影响。因此，要求把冬奥会和冬残奥会办成一届精彩、非凡、卓越的冬奥盛会，加快推动北京世界体育城市建设的发展。有党和政府的大力支持，在中国经济平稳、可持续发展的形势下，冬奥会推动北京建设世界体育城市一定能产生强烈的社会反响。所以，北京要想发展成为世界体育城市，必须都有着影响其形成与发展的驱动力因素，这些动力因素作为冬奥会推动北京世界体育城市形成与发展的必要条件构成了世界体育城市建设的动力机制，这些动力机制不仅由良好的城市自然条件和经济腹地条件，城市建设的基础设施、举办大型国际体育赛事和其他重大国际会议的密度和强度带来的体育、文化和产业经济发展的功能等。其政府政策和制度的制定、

投资主体、建设的发展方式、经济发展的驱动也是一些很重要的因素。伴随着北京奥运会效应的发挥，北京市将掀起冰雪运动热潮。尤其是随着北京城市社会和谐、公平正义，共同富裕以及对贫富差距克服的程度提升，构成了北京世界体育城市城市建设中的公平特征。这个特征主要体现了城市公共体育资源财富的优化配置与体育公共服务的人际公平，又体现了城市公共体育资源的共享，更体现在城市体育公共服务供给公平与多元互补的区域公平，没有这种城市公平元素的体现，作为一个世界体育城市是不完备的。

二、冬奥会推动北京建设世界体育城市研究的机遇

而且还有诸多的冬奥会推动北京建设世界体育城市研究的学者的成果作支撑。冬奥会给北京建设世界体育城市发展带来战略机遇的同时，也为体育学术界研究冬奥会推动北京建设世界体育城市发展带来机遇。从可持续发展理念进一步总结冬奥会推动北京世界体育城市的创新发展理论，构建理论体系，提炼出实证研究的精髓，提升评价和战略研究的结构优化成果；通过冬奥会推动北京建设世界体育城市发展评价体系构建研究的科学总结，以数字化实现冬奥会推动北京建设世界体育城市的发展目标；再次基础上对冬奥会推动北京建设世界体育城市发展战略的创新进行总结和科学的提炼是本课题研究的最终目标，也是研究的根本所在。因此，在后续的研究中，通过冬奥会推动北京建设世界体育城市创新发展战略保障体系、冬奥会推动北京建设世界体育城市的政策保障体系、冬奥会推动北京建设世界体育城市的制度保障体系、冬奥会推动北京建设世界体育城市体制机制保障体系、冬奥会推动北京建设世界体育城市的立法保障体系和构建京津冀协同发展促进冬奥会推动北京建设世界体育城市运行机制保障体系构建的研究不仅给冬奥会推动北京建设世界体育城市从理论、战略和实践上带来发展的机遇，同时也为研究者带来新的机遇。随着国家和政府对北京冬奥会研究的高度重视，可以肯定，对冬奥会推动北京建设世界体育城市研究的课题多、经费多和政府扶持的力度增加，必将对冬奥会推动北京建设世界体育城市研究的带来新的机遇。

第二节　冬奥会推动北京建设世界体育城市的挑战

世界体育城市就是对全球体育具有影响力和控制力的城市。北京定位为世界体育城市，是首都新一轮体育城市发展的重大战略选择。北京建设世界体育城市是实现北京建设中国特色世界城市的高端形态，是建设在国际政治、经济、文化和体育中具有全球影响力和控制力的中心城市。北京提出建设世界体育城市的发展目标是北京顺应历史潮流、把握新时代发展机遇、谋求更高、更快、更强发展战略的重要抉择。“人文北京、科技北京、绿色北京”城市发展理念的确立，就是瞄准北京建设世界体育城的发展目标，加快推动北京特色世界城市建设的重要举措。“人文北京、科技北京、绿色北京”与北京建设世界体育城市具有紧密的内在逻辑关系。北京要实现建设世界体育城市的发展目标，也是实现“人文北京、科技北京、绿色北京”建设的最终目标，实现“人文北京、科技北京、绿色北京”建设的发展目标也是实现北京建设世界体育城市发展目标。北京建设世界体育城市要尊重城市体育发展的规律，借鉴国际经验，更要创新和超越。因此，冬奥会推动北京建设世界体育城市的发展需要更加具有创新的思路，在筹办冬奥会的发展过程中，在坚持北京夏季奥运文化遗产体育场馆的综合开发与利用，精心培育一批具有国际影响力的体育品牌赛事，加速冰雪运动产业与相关产

业深度融合的发展的同时，着力推动群众冰雪运动发展的社会化、市场化，营造冬奥会推动北京世界体育城市建设发展的社会氛围，加快冬奥会推动北京世界体育城市建设的可持续发展。

一、冬奥会推动北京建设世界体育城市研究的挑战

冬奥会推动北京建设世界体育城市是在全面建成小康社会决胜期，实现北京向世界城市建设过程中的一个系统工程。因此，研究冬奥会推动北京建设世界体育城市发展的科学规律，提出冬奥会举办前、举办中和举办后推动北京建设世界体育城市发展的战略，推动北京中国特色世界体育城市建设的综合创新效应，以及加快两个奥运城市（夏季奥运会和冬奥会）向两个体育城市（国际体育中心城市和中国特色世界体育城市）融合创新建设的转型，最终实现北京国际体育中心城市与中国特色世界体育城市融合创新建设的发展目标，形成具有国际体育领域中，有较强影响力的中国特色世界体育城市和世界体育文化城市发展的新格局。这不仅是一个在战略研究上的创新，更是一个全新理论与实践创新的尝试和突破。

二、冬奥会推动北京全面建成世界体育城市和世界城市研究的展望

冬奥会推动北京全面建成世界体育城市和世界城市是一个长期复杂的系统工程，确立未来冬奥会推动北京全面建成世界体育城市和世界城市研究的总体框架是课题研究的重要内容和核心要点，需要从不同的层次、不同视角和不同阶段展开深入的研究，实现冬奥会推动北京全面建成世界体育城市和世界城市的发展目标。

（一）世界体育城市与世界城市深度融合建设的关系

城市让市民生化更加美好是世界体育城市与世界城市融合建设促进人类文明和社会经济发展到一定阶段的产物。从世界城市建设发展的经济全球化、信息网络化、文化多元化和体育文化的需求的趋势来看，世界城市是全球战略性资源、战略性通道和战略性产业的控制中心，是全球跨国公司的集聚中心、全球重要的金融中心、全球重要的政治中心、全球制造业和高科技结合的市场中心，全球资本流、信息流、人才流、技术流和物流的集散中心，是世界文明融合与交流的多元文化中心，也是与国际体育中心城市融合创新建设可持续发展的绿色生态城市。世界城市已经成为北京新的发展方向和目标，世界城市的新定位意味着北京将逐步成为国际活动聚集之都、世界高端产业总部之都、世界高端人才聚集之都。换句话说，世界城市就是对全球经济政治具有影响力和控制力的城市。北京定位为世界城市，是首都新一轮城市发展的重大战略选择。2008 年北京奥运后，北京在落实科学发展观的基础上，提出加快建设中国特色世界城市的发展目标是：

（1）逐步扩大城市人口数量、增加人口密度，经济持续健康发展，人民生活水平全面提高。

（2）以现代产业体系为核心的后工业化经济结构和国际总部数量聚集明显，国内外入京人数明显提升。

（3）构建全方位、立体式、系统化和现代化的综合公共交通系统，实现城市公共交通的可持续发展。

（4）以构建京畿区社会经济、文化产业集群创新新格局，疏通城市空间中各个层次的城市经济命脉和打造世界城市经济竞争平台，提高居民生活水平，城镇居民恩格尔系数逐年提升。

（5）建设国际金融之都，具有重大的国际金融竞争力和现代化水平。

（6）形成具有全球影响力的信息化和综合化的创新体系，聚集一定数量的跨国公司总

部、国际组织和具有全球化影响的 NGO 组织。

北京在建设世界城市的发展过程中，通过促进城市空间的多中心化发展，构建城市区域的多中心空间结构。继续完善“两轴-两带-多中心”的城市空间结构和“中心城-新城-镇”的市城城镇结构。加速形成特色突出、分工明确、发展均衡的 4 大城市功能区域（即首都功能核心区、城市功能拓展区、城市发展新区和生态涵养发展区）。深化多中心间的专业化分工和职能互补，加速中心城市职能转移。促使城市的职能、设施以及生活或商业环境不仅由中心城区提供，也由 4 大城市功能区以及各个新城提供。将更多的城市职能特别是产业职能由中心城区向东部和东南部的城市发展新区转移，部分产业职能应该跨越行政区域转移到河北和天津等周边地区。依托物质性网络（交通、通讯线路网络），完善、强化非物质网络（虚拟网络、要素流动网络、地方生产网络等）建设，以支撑各个中心之间的空间交互作用和紧密的空间联系，大力推进了“人文北京、科技北京、绿色北京”的建设速度，提升了市民的幸福指数、促进了城市和谐发展。北京建设世界体育城市是北京世界城市发展的要求提出的一个创新性概念。我们通过北京世界体育城市与世界城市建设概念和内涵的分析，尽管他们的概念和内涵不完全相同，但世界体育城市与世界城市的融合建设发展目标是相同的。北京建设世界体育城市与世界城市建设目标的提出，都是北京顺应历史潮流、把握发展机遇、谋求更高发展水平的重大战略抉择。“人文北京、科技北京、绿色北京”城市发展理念的确立，就是瞄准北京建设世界体育城市与世界城市建设的发展目标，推动北京建成国际一流的和谐宜居之都的重要举措。其中，“人文北京、科技北京、绿色北京”与北京实现建设世界体育城市与世界城市建设的发展目标具有紧密的内在逻辑关系。北京实现建设世界体育城市与世界城市建设的发展目标，也是实现“人文北京、科技北京、绿色北京”建设的最终目标，实现“人文北京、科技北京、绿色北京”建设的发展目标也是实现北京建设世界体育城市与世界城市建设的发展目标。

（二）冬奥会促进加快世界体育城市与世界城市深度融合建设和加强研究的建议

北京是一座最集中体现中国及东方文明的杰出城市，其在冬奥会促进加快世界体育城市与世界城市深度融合建设的过程中，要服务于新时代中国特色社会主义事业的大局。冬奥会促进加快世界体育城市与世界城市深度融合建设已经不是一个新概念，而是即将到来的新时代。但冬奥会促进加快世界体育城市与世界城市深度融合建设中所出现的问题和矛盾也是最为突出和具有代表性的。目前我国上海、北京 2 个世界体育城市和世界城市建设的崛起，必将带动珠三角、长三角和环渤海都市圈的繁荣，推进世界城市区域体系的形成，从而引领和推动中国在世界的加速崛起。这是国家战略布局的必然选择，也是中国特色社会主义事业的题中应有之义。实现冬奥会促进加快世界体育城市与世界城市深度融合建设的发展目标，是巩固发展奥运文化遗产，促进现代化城市建设的必然选择。现代化城市就是让冬奥会促进加快世界体育城市与世界城市深度融合建设成果更好地惠及普通市民，这也是实现冬奥会加快推动世界体育城市与世界城市深度融合建设，提升北京实现全面建成国际一流的和谐宜居之都发展目标的前提和条件。特别是在北京成功举办 2008 年夏季奥运会后，又借举办 2022 年冬奥会的机遇，一直在打造冬奥会推动加快世界体育城市与世界城市深度融合建设，提升北京实现全面建成国际一流的和谐宜居之都的新目标，这主要是北京抓住了冬夏奥运会促进城市建设发展的机遇，将北京奥运场馆赛后利用得到了充分的开发，并通过频频举办国际大赛，积极参与到冬奥会推动加快世界体育城市与世界城市深度融合建设的发展之中，不断提升城市的综合实力和国际竞争力。北京作为历史文化古都及全国文化中心，虽然有资源上的优势，但目前文化影响力还主要集中在传统领域，缺少有世界影响力的文化团体和文化活动。尽管北京市拥有大量的体育场馆、优秀人才以及举办大型赛事的经验等各种得天独厚的条件，但是冬奥会推动加快世界体育城市与世界城市深度融合建设的发展也将面临一系列的挑战。尤其是随着冬奥会推动加快世界体育城市与世界城市深度融合建设，提升实现北京全面建成国际一流的和谐宜居之都发展目标的推进，北京在冬奥会推动加快世界体育城市与世界城市深度融合建设过程中也在一定程度上出现脱节和不协调的现象，特别是在旧城改造和城市新区开发建设的过程中更为突出。据此建议在北京旧城改造和城市新区建设的过程中，要不断容纳世界体育城市与世界城市的元素，了解每个要素所能承载的不同体育文化属性，以新型城镇化和城乡结合部建设为重点，将冬奥会推动加快世界体育城市与世界城市深度融合建设对应起来，为北京旧城改造和新区体育文化建设提供多元化服务，并在积极组织有关专家和学者深入探讨冬奥会推动加快世界体育城市与世界城市深度融合建设的成功经验与存在主要问题的基础上，与相关政府决策部门共同制订冬奥会推动加快世界体育城市与世界城市深度融合建设发展战略。通过建立健全世界体育城市与世界城市融合创新建设的长效运行机制，提升冬奥会推动加快世界体育城市与世界城市深度融合建设的质量和水平，成为世界各国举办过奥运会城市建设世界体育城市与世界城市融合创新发展的典范，使我国越来越多的城市加入到申办和举办大型国际体育赛事，推动世界体育城市与世界城市融合创新建设提高市民生活幸福指数的行列，为构建和谐社会和全民建成小康社会服务。然而，作为冬奥会战略研究层面的课题，由于对冬奥会推动加快世界体育城市与世界城市深度融合建设及提升路径的研究涉及众多交叉学科和相关理论的研究成果，据此本课题跨出了传统领域的研究范围，将冬奥会推动加快世界体育城市与世界城市深度融合建设发展战略进行专项研究，具有一定的难度，其研究甚至难免出现一些不尽如人意的地方，但在今后的实践研究过程中，课题组将不断修正，进一步完善冬奥会推动加快世界体育城市与世界城市深度融合建设发展的战略研究，为北京早日实现世界体育城市与世界城市深度融合建设的功能，为进一步加快促进北京建成国际一流的和谐宜居之都提供更有价值的理论与实践的研究成果。

建议北京在实现国际体育中心城市与世界城市融合创新建设可持续发展效应的过程中，必须要尊重北京建设国际体育中心城市促进世界城市建设的发展规律，不仅要借鉴国外城市建设的经验，更要创新和自我超越的发展路径，并通过国际体育中心城市与世界城市建设的融合效应，形成两个城市相互关联、互为依存建设的发展目标。

建议北京在未来建设国际体育中心城市促进世界城市建设的发展过程中，逐步建立和完善以行政区域、街道（乡镇）及社区为基础的公共体育设施、竞技体育设施、社区体育设施配套体系建设，在满足城乡日益增长的全民健身需求、竞技体育需求和体育文化产业等方面需求的条件下，必须强化在京津冀一体化框架下的城市体育区域体系的功能，坚持自身发展与区域协同并重，以特大城市为龙头，带动大中小城市、城镇、农村协调发展，走一条农村体育城市化、城乡体育一体化再到区域协调、均衡发展的新型城市体育化之路，这是北京建设国际体育中心城市促进世界城市建设必须面对和解决的重大课题。但北京要达到世界城市建设的标准，就必须加快与国际体育中心城市建设的融合创新，实现国际体育中心城市与世界城市融合创新建设的良性互动发展，提升国际体育中心城市与世界城市融合创新建设的良性互动效应。

从北京国际体育中心城市与世界城市融合创新建设的实践经验来看，北京建设国际体育中心城市始终是推动世界城市建设的重要基础动力。北京要实现未来建设成为国际一流的和谐宜居之都的城市发展的目标，就必须在城市经济、文化和体育若干个领域建设具有全球影响力的世界城市。尽管世界体育城市与世界城市建设的内涵外延并不等同，但无疑有特殊的紧密的逻辑联系，二者的融合创新建设都是服务加快建设和谐宜居城市的一项重要手段。由此可见，没有北京世界体育城市建设内涵融入的世界城市建设，也就不可能保证北京世界城市建设发展目标的实现。建议目前北京在世界体育城市与世界城市融合创新建设结合不够紧密的情况下，要想提升北京二者融合创新建设的竞争优势，实现体育事业与城市更新的良性互动，只有实现世界体育城市与世界城市融合创新建设的协同发展，才是实现北京未来和谐宜居城市建设的发展方向。

21 世纪是世界城市大竞争的时代，国家之间、城市之间的竞争内容，已从经济综合竞争力层面逐步扩大到体育竞争力的层面。近几年来，北京市借助成功申办和举办奥运会的有利契机，率先提出了建设中国特色世界体育城市的战略目标。随着北京建设中国特色世界体育城市的快速发展，目前体育学界对建设中国特色世界体育城市的研究取得了一定成果，对促进北京建设中国特色世界体育城市的发展产生了重要影响。但对 2022 年冬奥会推动北京建设世界体育城市研究尚在起步阶段，缺乏对冬奥会推动北京建设世界体育城市系统性、创新性和前瞻性应用兴的研究成果。因此，本课题将在后续的研究过程中，北京筹办冬奥会的关键时期，站在冬奥会推动北京建成中国特色世界体育城市创新的战略高度，通过对冬奥会推动北京建设世界体育城市的研究，设计出构建冬奥会推动北京建设世界体育城市的测评体系，运用“ETR”评价模型对指标数据汇总、权重计算、归一化处理、合成“驱动创新战略”指数，为进一步实现冬奥会推动北京建设世界体育城市提供定量依据。建设世界体育城市需求的服务型政府，提高政府建设世界体育城市需求的公共服务质量和水平，强化政府内部和外部的世界体育城市建设的治理效能。实施世界体育城市建设需求的体育文化城市创新战略，显著增强体育文化软实力。高度重视城市体育文化产业集群发展，塑造鲜明城市体育文化品牌，增强世界体育城市建设的核心竞争力和影响力。大力推进生态文明建设，逐步改善生态环境，为建设绿色环保、和谐宜居、多元包容的世界体育城市创造良好条件。根据北京国际体育中心城市与世界城市融合创新发展的优势和特色。以率先建成北京国际体育中心城市和世界城市为突破口，通过引领两个城市融合创新跻身于世界行列，最终通过北京国际体育中心城市与世界城市融合创新建设的“示范效应”，实现国家驱动创新战略。以自主创新促进北京国际体育中心城市与世界城市融合创新建设的顶层设计。根据国际体育中心城市与世界城市融合创新的发展经验证明，世界经济增长重心转移是国际体育中心城市和世界城市形成的直接原因，经济全球化是国际体育中心城市和世界城市形成的必要条件，国家政府的支持是国际体育中心城市和世界城市形成的重要保证，创新是国际体育中心城市和世界城市形成的内在动力。

第三节　构建冬奥会旅游与北京建设世界体育城市融合发展的对接模式

北京市政府必须将冬奥会经济上升到世界体育城市建设发展的战略高度，并成为实现冬奥会经济促进北京世界体育城市建设大发展的重要政策和战略支撑。借助北京冬奥会经济发展契机，必须在对地区旅游资源充分挖掘和合理建设的基础上，借助冬奥会契机，以冬奥会不同时间阶段的具体对接为城市发展战略方针，以打造冬奥会城市建设为平台，在政策上给予支撑、优惠和战略优先保障，充分发挥财政、税收等经济杠杆作用，以实现冬奥会旅游的发展，做好冬奥会旅游与北京建设世界体育城市融合发展战略的升级和层次的提升，提升冬奥会城市旅游产业的国际竞争力，提升北京建设世界体育城市发展的动力。要借办奥之势，大力驱动京张同城化发展。与北京接壤的怀来、涿鹿、赤城三县要积极开挖自己的优势资源，强化自身优势，不可故步自封。同时要与坝上自然旅游资源丰富的张北、尚义、康保等地构建张家口地区的精品旅游线路和精品旅游项目，实现区域内的大协作，将张家口人文精神蕴含于旅游项目当中，向国内外游客展示我们的魅力。区域外的协作主要是京张协作。借势发力也需自身努力，要立足当前，放眼长远，在人文旅游上做文章，在旅游文化产业上多思考。此外申办冬奥会能延伸旅游产业。我们可以通过独资、合资等方式，发展滑雪教育产业，与国际专业机构合作建立国际滑雪学院，培养专业滑雪教练、运动员、研发人员等，培训滑雪爱好者，努力建成国内滑雪教学、科研和培训基地。发展以滑雪为主题的影视、动漫、演艺、艺术等，发展滑雪文化创意产业，积极引进包装一批以生产滑雪器材、滑雪服为内容高附加值的滑雪装备设备等制造加工项目，建设滑雪产业研发中心，加快旅游纪念品、防寒保暖等产品的研发和生产，打造国内外一流的滑雪用具和设备生产基地，形成集生产、试验、研发、销售为一体的产业发展体系。

北京冬奥会文化遗产体育场馆资源不但具备服务多层次、多元化国内外大型体育赛事的功能，同时也能为开展冰雪健身活动提供便利的条件。北京政府在冬奥运赛场设计之初就在努力的考虑赛后利用问题，冬奥会在赛后一定会留下非常丰富的文化遗产的体育场馆资源，这些体育场馆资源将为市民提供更加多样化、多元化的冰雪体育健身环境和服务，让市民全方位地参与到冰雪健身运动中来，提高市民的生活质量和水平。例如在冬奥会后体育场馆要为市民提供更加多样化、多元化的健身环境和服务，让市民全方位地参与到全民健身中来，提高市民的生活质量和水平，是政府应该承担的责任和义务，只有大众的体育健身和体育健身消费意识的增强，才能提高北京两个奥运文化遗产体育场馆的赛后使用率。因此，作为准公共产品的奥运文化遗产的体育场馆，如何实现高效的服务现代体育服务业的运营是关系到公共资源有效利用，推动体育产业发展促进体育消费的现实问题。北京奥运文化遗产体育场馆的科学布局可以吸引大量的人流，可以借此拓展体育产业发展的功能，通过开展体育会展、体育休闲旅游和体育健身旅游等项目的融合，进一步推进北京现代体育服务业的快速发展，对促进大众体育健身消费的发展具有重要的作用。

第四节　提升冬奥会推动北京建设世界体育城市的体育文化软实力

世界体育城市是全球战略性体育文化活动的发生地，通过众多的国际组织聚集和举办大量的国际体育文化活动，对世界体育城市建设产生巨大的国际影响力。为此，冬奥会推动北京建设世界体育城市的进程中，如何充分发挥体育文化优势塑造城市灵魂保护、培育有北京特色的体育文化软实力的功能是一个需要进一步深入研讨的课题。体育文化软实力作为一个国家或城市综合体育能力的重要构成要素，强调一个国家或城市所具有的体育文化吸引力、价值感召力、形象亲和力以及广泛的国际影响力和辐射力。提升冬奥会推动北京建设世界体育城市中的体育文化软实力，增强冬奥会推动北京建设世界体育城市建设中体育文化的整体实力和竞争力，对加快实现冬奥会推动北京建设世界体育城市具有重大的价值。提升冬奥会推动北京建设世界体育城市建设中的体育文化软实力，是充分利用冬奥会与世界体育城市融合建设对接和转型的战略机遇，坚持把社会效益放在首位，并在社会效应和经济效益相统一的前提下，在冬奥会推动北京建设世界体育城市中，加快提升促进北京城市和谐体育文化、服务型政府、居民身心素质、文明形象传播等非物质体育文化要素的基础上，构建冬奥会推动北京建设世界体育城市中的体育文化凝聚力、体育文化感召力、体育文化科教支持力、市民参与能力，加大重大公共体育文化工程和体育文化项目建设，完善体育文化公共服务体系，提高政府公共服务效能，促进城市社会经济和谐、健康、跨越式的发展，最终提高市民整体文化素质、增强市民生活幸福指数，实现冬奥会推动北京建设世界体育城市发展总体的目标的新要求。

一、加快推动北京体育文化创意产业的融合创新发展

2008 年奥运会和残奥会的成功举办使北京成为了国际上最年轻的奥运城市，奥运会共使用的 31 个比赛场馆、45 个训练场馆和 6 个相关设施，目前已形成了以国家体育场、国家游泳中心、国家体育馆等为代表的一批具有国际水准的奥运遗产体育场馆群，为了做好奥运文化遗产的保留和推广，北京专门成立了奥运城市发展促进中心，并通过 5 届北京奥运城市体育文化节的成功举办，掀起了后奥运时代北京全民健身的新热潮，同时也推动了体育文化创意产业的融合发展。目前北京市的国际体育赛事越来越多，体育服务和体育产品越来越丰富了北京体育文化产业融合。迄今为止，北京市充分把握了后奥运时代体育文化创意产业发展的机遇，初步确立了在全国体育文化创意产业的龙头地位，成为推动首都文化产业经济发展的重要力量。目前，北京集中了国家体育总局在京直属事业单位 39 家和系统机构在京投资企业 76 家。尤其是优良的体育场馆设施对推动未来北京体育文化产业的融合发展带来长期的影响。

从北京体育文化产业结构来看，文化体育服务业和体育文化产品销售业为主导的产业体系已初步形成。从北京体育文化产业布局看，北京体育文化产业聚集发展的态势良好，空间布局趋于合理。特别是在“十二五”时期，北京体育文化创意产业融合把握住了新的发展机遇，充分发挥了体育文化创意产业融合的优势，坚持高产出、高附加值、高辐射、高关联的体育文化创意产业融合发展的潜力，实现体育文化创意产业与其他优势产业的融合发展。发展体育文化创意产业，特别是能够突出体育文化内涵与创新理念的新兴体育文化创意产业，将进一步推动北京文化创意产业的发展。据有关数据显示，北京文化创意产业经历了数十年多的大繁荣大发展，如今逐渐成为促进城市产业经济发展的重要支柱性产业。2013 年北京规模以上文化创意产业实现收入 10 022 亿元，全年文化创意产业实现增加值 2406.7 亿元。然而，作为文化创意产业发展的一种特殊发展模式，体育文化创意产业却没有得到同步发展。2013 年北京市体育文化创新产业实现收入仅为 300.23 亿元。2012 年北京市人民政府《关于加快发展体育产业的实施意见》（以下简称《意见》）提出加快建设国际体育中心城市的目标，并将体育与文化产业融合作为重要的着力点。近日，国务院印发了《关于加快发展

体育产业促进体育消费的若干意见》（以下简称《意见》），将全民健身上升为国家战略，力争 2025 年体育产业总规模超 5 万亿。根据 2 个《意见》的要求，着眼于北京体育产业的可持续发展，推动体育文化产业融合发展，促进国际体育中心城市与世界城市融合创新建设的加快发展，必须通过延续放大奥运效应，增强体育文化产业动力；注重挖掘多层次体育市场需求，激活体育文化市场消费；注重体育文化产业与文化创意产业的融合，壮大体育产业规模；注重体育文化产业区建设，打造体育文化产业与文化创意产业融合的发展空间；注重体育文化产业与文化创意产业融合创新的人才培养和引进；强化体育文化产业与文化创意产业融合的智力支撑，增加体育文化产业含量，延伸体育文化产业链，提高附加值。在 2 个《意见》的要求下，加快体育文化产业融合发展的步伐，把握机遇，再接再厉，借鉴相关产业发展的成功经验，切实解决面临的困难和问题，实现体育文化产业融合的快速发展，为扩大内需、发展国民经济、促进世界城市和国际体育中心城市建设的快速发展。在体育文化创新产业的定位上，北京应在未来着力打造 5 个中心，国际体育赛事中心、国际体育建设训练中心、体育营销会展中心、体育文化创意和传播中心和体育中介服务中心。而在北京体育文化创新产业布局方面，就是构筑一核两带多园区的布局。一核是东城、西城以及朝阳和海淀，北京体育文化创意产业 80％的产值是核心区创造的。两带即西动部发展带。西带主要包括海淀、石景山、丰台、大兴、房山、昌平、延庆、门头沟以及永定河两岸的区域。东部发展带主要包括通州、顺义、亦庄、怀柔、密云、平谷等这些区县。两带的布局可以充分挖掘北京体育文化创意产业的特色、功能区域的自然禀赋，同时考虑了体育文化产业基础建设分来满足不同层次的体育文化创意产业的需求。北京体育文化创意产业是一种待开发富矿。

目前来看，影响北京体育文化创意产业发展瓶颈表面上看是资源垄断和体制保守问题，但实际上是整个体育文化创意产业缺乏创意，北京的体育文化创意产业应该是时尚产业和创意产业，人才缺乏实际上是制约体育文化创意产业发展的最重要的因素，不能用传统的观念去发展体育文化创意产业，培育体育文化创意产业人才资源的聚集功能，才能最终解决体育文化产业创新和推动改革，同时解决所有的体育文化创意产业面临的巨大风险问题。体育文化创意产业与体育文化产业既有区隔，又有重叠。如果把体育文化产业比作宝塔的话，体育文化创意产业就是宝塔尖的部分。首先，体育文化创意产业呈现高知识化、智能化的特征，这个产业以文化、创意理念为核心。是人的知识、智慧和灵感的特定产物。其次，体育文化创意产业具有高附加值的特征。在体育文化文化创意产业中，体育科技和体育文化的附加值比例明显高于普通体育产品和服务。如何利用充分首都体育文化创新产业资源优势，建立与首都经济发展相适应的体育文化创意产业市场体系。在重点区域建立体育文化创意产业商务中心区域和体育文化创意产业基地。推动与北京体育文化服务业、体育文化休闲业与相关文化产业的深度融合，为积极推进北京国际化体育中心城市与世界城市融合建设提供支持。

二、创新北京冬夏奥运文化遗产体育场馆的多功能综合运行模式

以 2008 年北京奥运会圆满成功和北京联合张家口获得 2022 年第 24 届冬奥会举办权为标志，北京世界体育城市和世界城市城市建设的发展进入了新的阶段，如何科学的推动世界体育城市与世界城市融合创新建设的快速发展，已经历史性地摆在了全市人民的面前。做好奥运文化遗产体育场馆的经营是 2010 年北京市人民政府工作报告和北京体育产业“十二五”规划提出的“提高体育场馆经营管理水平和大力发展文化体育事业的工作重点”。北京奥运

文化遗产的体育场馆共有37个，其31个体育场馆在北京市区内，这些奥运文化遗产的体育场馆具有各自的特点并成东西南北均匀分布状态。管好、用好这些奥运文化遗产体育场馆，科学开发奥运文化遗产的体育场馆的综合利用功能是北京建设世界体育城市和世界城市巩固发展奥运成果的必然选择。因此，北京在建设世界体育城市与世界城市融合创新的进程中，需要政府对奥运文化遗产体育场馆的综合利用进行统筹指导和系统科学的功能定位，充分体现出奥运文化遗产体育场馆综合系统利用正向功能的多元化需求，以满足北京市的体育竞赛多功能、体育教育教学多功能、全民健身多功能和现代体育服务业功能的需求，加快实现北京世界体育城市与世界城市融合建设的发展目标，提升北京在建设世界体育城市和世界城市中的国际竞争力和影响力。

（1）体育赛事服务功能。北京奥运文化遗产体育场馆的综合利用不仅为职业俱乐部运动员的训练提供良好环境和条件，还为跨城市社区，跨地域，跨省市的全国性体育赛事提供服务，更为跨国家的大型综合性体育赛事提供服务。

（2）体育教育教学服务功能。北京在奥运体育场馆建设的初期，就结合北京高校体育设施的建设情况，把6个奥运体育场馆放在了大学园区。这种建设模式在改善大学体育设施的同时，也解决了体育场馆的赛后利用问题。如北京农业大学体育馆、北京大学体育馆、北京科技大学体育馆、北京工业大学体育馆和北京航空航天大学体育馆等6个奥运体育场馆都具有各自的特点：除了用于承接体育竞赛和大型体育文化娱乐活动外，还在很大程度上为学生的体育课程教学、体育锻炼、运动训练和为广大师生开展健身活动提供良好的条件，对提高大学生身体素质具有重要的作用。

（3）全民健身服务功能。北京奥运文化遗产体育场馆不但具备服务多层次、多元化国内外大型体育赛事的功能，同时也能为开展全民健身活动提供便利的条件，例如开放31个奥运体育场馆，为市民提供更加多样化、多元化的健身环境和服务，让市民全方位地参与到全民健身中来，提高市民的生活质量和水平，是政府应该承担的责任和义务，只有大众的体育健身和体育健身消费意识的增强，才能提高北京奥运文化遗产体育场馆的赛后使用率❶。

（4）现代体育服务业功能。作为准公共产品的奥运文化遗产的体育场馆，如何实现高效的服务现代体育服务业的运营是关系到公共资源有效利用，推动体育产业发展促进体育消费的现实问题。北京奥运文化遗产体育场馆的科学布局可以吸引大量的人流，可以借此拓展体育产业发展的功能，通过开展体育会展、体育休闲旅游和体育健身旅游等项目的融合，进一步推进北京现代体育服务业的快速发展，为北京全面建成世界体育城市提供服务。

三、构建现代化国际一流体育大都市保障体系促进北京世界体育城市建设的永续发展

现代化国际一流体育大都市是全球化背景下人们对全球城市体系中新出现的一类具有重要体育资源的集中和配置中心的城市，它是一个国家或城市参与国际竞技体育、大众体育和体育会展等交流和国际分工的重要载体。目前，在国际上被公认为的现代化国际一流体育大都市中都具有深厚的体育文化传统、比较健全的体育场馆基础设施、浓郁的城市体育文化氛

❶ 赵敏燕，朱少卿，李宇．基于事件旅游效应理论的张家口冬奥城市发展研究［J］．城市发展研究，2015（8）：105-109.

围、举办过大型综合性（如奥运会、洲际性运动会）国际体育赛事、扎根城市的高水平职业体育俱乐部和品牌赛事，以及众多的体育产业上市公司，同时还是重要国际或国内体育组织的所在地。建设现代化国际一流体育大都市是人类进步的体现，是衡量一个国家和地区经济与社会发展水平的重要标志。北京建设现代化国际一流体育大都市保障体系是提升世界体育城市建设的重要举措，将对北京建设世界体育城市产生深远的影响。北京构建现代化国际一流体育大都市涉及财政、税务、安保、交通、卫生、文化、旅游、广电、城建、海关、信息、新闻出版等多个领域，需要通过冬奥会推动北京世界体育城市建设实施的10大创新战略来实现。即4大创新工程：实施世界体育品牌营销工程发展理念、构建生态体育健身惠民工程创新理念、树立生态体育文化建设民心相通工程共建共享思维观、坚持冰雪产业与其他产业融合发展建设工程的双赢理念；三大人才创新：冰雪产业化人才培养创新、冰雪运动科技人才培养创新、冰雪运动管理人才培养创新；三大环境创新：世界体育绿色发展、世界体育低碳发展、世界体育循环系统发展。

北京全面建成世界体育城市应借助举办冬奥会的战略机遇展现城市魅力，把北京具有的特殊历史体育遗产、体育非物质文化遗产和北京奥运会文化遗产的元素和现代体育文化元素融合根植于冬奥会推动北京全面建成世界体育城市的发展上，从北京市的体育人口发展数量、健康休闲产业发展空间、竞技体育发展规模、体育产业经济发展强度、社会体育发展的成熟度、体育产业资本市场全球化程度和体育发展的国际知名度与国际影响力上，向世界展示北京既是悠久的历史体育文化名城，又是现代化的体育大都市，把这两方面的结合更好地展现给世界。通过举办冬奥会促进北京全面建成世界体育城市，一定要不断满足城市居民日益增长的体育民生需求，加强城市体育消费的公共服务建设，满足市民多方面的健身与健康融合发展的需求、为市民体育旅游、冬季旅游、全民健身、休闲娱乐等创造更好的发展环境，实现北京市《北京城市总体规划（2004－2020年）》提出的“到2025年，实现全球著名体育中心城市的建设目标，努力打造世界一流的国际体育赛事之都、国内外重要体育资源的配置中心、充满活力的国际体育科技创新城市，从而有力地提升北京在全球体育城市中的地位”的发展目标。

四、加快北京智慧城市体育云平台建设

建设智慧城市体育云平台是实现世界体育建设的重要组成部分，也是北京城市体育信息化发展的必然趋势。在“十三五”背景将建设“我要运动”互联网＋全民健身智慧体育云平台写进政府工作报告，作为2016年区政府为民办实事重要民生工程，8月8日正式投入使用。此举旨在服务辖区群众科学健身，不断满足人民群众日益增长的健身需求，提高市民生活品质和幸福指数。“我要运动”互联网＋全民健身智慧体育云平台建设体系包括体育场馆的信息化管理系统、教练（社会体育指导员）管理子系统、全民健身区域管理系统三个部分。根据项目建设要求和方案设计，北京市朝阳区将在11个乡镇（街道）设立办卡申请服务中心，在45所体育设施免费向社会开放学校、10个社区公共体育场馆、15个民营健身场馆安装刷卡终端设备。目前，健身卡、健身卡办卡PC机、身份证阅读器、手机卡、移动刷卡终端（平板）、信息化管理系统等平台建设所需的软硬件采购已进入招投标阶段。该平台建成后，不仅解决了公共体育场馆对健身人员身份识别、信息采集和运动健身信息不对称的问题，为政府主管部门实时提供准确的健身活动人次信息，为健身者方便快捷找到健身场馆

提供及时信息，而且能够提高运动健身场馆的信息化管理水平，有效监督运动建设场馆管理者提高服务水平和服务质量，有助于运动健身行业诚信体系的建立。同时，能够为退役运动员、体育教师、社会体育指导员等有一技之长的人员提供大量兼职工作机会，满足社会需求，为市民的健康和社会和谐贡献力量。

五、加快全球化智慧体育城市网络化平台建设，促进世界体育建设国际化信息服务的竞争力和影响力

国家城市创新战略注重国际城市自主创新体系的构建，在纵向涉及国际城市创新的战略布局与区域城市创新的彼此呼应，国家新型城市建设是国家城市创新战略的基础环节和重要实现路径。随着2008年北京奥运会后，北京联合张家口成功申办2022年冬奥会提升北京国际体育中心城市建设促进城市体育全球化发展的加快，以国家城市创新战略的实施为契机，构建全球化的体育行为主体与城市流空间融合的运行机制已成为国家创新型城市发展创新战略的实施与北京建设国际体育中心城市的重要内容。国家创新型城市建设战略的实施是现代化城市发展的必由之路。国家创新型城市建设战略是在国际层面围绕新型国家城市建设所形成的战略谋划与部署，以建设国家城市发展的创新体系为内容，以增强国家城市自主创新能力为发展目标，以提升国家城市综合竞争力为目的。国家创新型城市建设战略的实施为构建全球化的体育行为主体与城市流空间融合的运行机制提供良好的发展环境。国家创新型城市建设战略的实施不仅需要借助创新体系的构建，推动北京建设国际体育中心城市中企业、大学、研究机构、中介组织等主体的协同创新，还需要通过城市体育的创新加以推动，创新和构建出全球化的体育行为主体与城市流动空间耦合的运行机制。其运行机制的构建应包括世界机构与国家政府、跨国公司经济组织和国际流动人口全球机构和国家政府主要表现为4大诉求，吸引境外体育产业资本，强化全球体育人才吸引力，跨国体育产业公司与体育产业经济组织表现出4大诉求：降低体育交易与机会成本、降低体育运行风险、提高体育产业质量与市场份额、提高体育产业投入产出效率；体育流动人口与国际移民表现出4大诉求：体育健身场馆需求、体育健康与体育旅游安全需求、体育生活观念与偏好、民族传统体育文化与民族传统体育文化中的信仰选择。加快实现北京提出的建设国际体育中心城市提升中国特色世界城市建设的发展目标。

（1）逐步扩大城市体育人口数量、增加体育人口密度，在社会经济持续健康发展的良好环境中，逐步提高城市居民的生活水平和服务质量。

（2）以现代化体育公共服务体系为核心的后工业化经济结构和国际总部数量聚集明显，国内外入京体育人才数量明显提升。

（3）构建全方位、立体式、系统化和现代化的世界体育城市建设的综合公共交通系统，实现国际体育中心城市公共交通的可持续发展。

（4）以构建京津冀一体化发展的社会体育、体育文化产业集群创新新格局，疏通新型城市体育空间中各个层次的城市体育产业经济命脉和打造世界城市建设需求的体育文化产业竞争平台，提高居民的健康生命质量，提升城镇居民的幸福指数。

（5）建设国际体育产业资本市场需求的金融之都，形成具有重大国际影响力的体育产业上市公司和服务体育产业发展的现代化金融市场体系。

（6）形成具有全球影响力的体育信息化和综合化的创新体系，聚集一定数量的跨国公司

总部、国际组织和具有全球化影响的体育组织。使城市体育在“全球流”流动更为频繁、速度更快、起始点更为多元化、所跨时空距离更大，更多地反映出“比喻空间”特征，体育发展的信息流、技术流、文化和政策交流起重要作用。

在北京冬奥会的筹办过程中与城市生态环境改善、经济社会发展紧密结合起来，树立奥林匹克运动与城市互动发展、共赢发展的典范，创造更多积极、持久的冬奥会遗产，更好地惠及公众是实现北京冬奥会经济效应可持续性发展的根本。公共体育资源作为北京冬奥会经济效应可持续性发展的重要物质基础，是实现北京冬奥会经济效应可持续性发展的重要保障。因此，北京要实现北京冬奥会经济效应可持续性发展的目标，除了利用北京城市的经济、政治、文化和科技要素的优势外，还离不开北京城市体育产业升级、社区体育治理、体育文化生态环境、体育民生改善和体育基础设施建设等方面的综合运用。从北京冬奥会经济效应可持续性发展来看，北京冬奥会经济效应可持续性发展与公共体育资源动力因素之间存在着耦合机制。创新优化体育产业结构是实现北京冬奥会经济效应可持续性发展的基本要求，创新社区体育治理环境和优化体育文化生态环境是实现北京冬奥会经济效应可持续性发展的基础，而推进体育民生的改善和体育基础设施的完善是实现北京北京冬奥会经济效应可持续性发展的核心。但不同时期的公共体育资源对实现北京冬奥会经济效应可持续性发展有着决定性的影响，为此，创新一个技术先进、保障体系完善、安全可靠、功能强大、集成化的北京城市公共体育资源综合运行平台，是实现加快世界体育城市建设中城市体育公共服务水平信息化发展的国际竞争力和影响力，服务北京冬奥会推动北京世界体育建设的信息化发展，实现世界体育城市建设的发展目标。

六、加快北京奥运城市体育公园建设

加快北京奥运城市体育公园建设，提供市民到体育公园休闲健身的便利，体现奥运城市体育公园对市民的社会福利是北京建设世界体育城市必然选择。北京市经过近 30 多年的发展，通过举办奥运会、亚运会、大运会、全运会和筹办 2022 年冬奥会等各种大型体育赛事和单项体育赛事，全市逐步建设并拥有了 500 多座大中型综合类体育场馆设施的布局，发挥出了重要的作用。但是，很多体育场馆设施由于在建设时过分依存于体育竞赛的需求，在赛后难以使更多的市民享受建设成果。形成了一方面已经落成的大中型体育场馆空置率比较高，另一方面在办公区域、生活区域旁边方便全民健身的体育场馆设施又比较缺少的矛盾现实。北京市作为国际大都市并向着“国际体育中心城市”和“世界城市”目标前进的快车，特别是在 2008 年北京夏季奥运会后的体育设施的投资建设转向为全民健身公共服务体系构建的主要内容，惠民于生活质量的提升，使广大北京市居民能够在地区和社区范围内方便享受到使用体育设施和进行体育健身，这是北京市政府及其体育行政部门已经确定的共识。现在的问题是，在“十三五”期间，整合社会资源，建设更多的地区性社区型全民健身体育设施，已经成为亟待落实的惠民工程。以冬奥会促进北京建设世界体育城市为目标，紧紧围绕全民健身与全民健康融合发展这一主题，为提高北京市民的身体素质，提升生活质量而积极建设地区型群众性综合体的奥运城市体育公园是以政府为主导，以北京奥运城市发展促进会、北京市体育局、北京市园林绿化局和部分地区行政管理部门合作，首先建设几座“奥运城市体育公园”示范工程，然后进一步在全市范围内推广的基本思路。

(1) 北京奥运城市体育公园的名称。定名为奥运城市体育公园，主要考虑延续第 29 届奥运会后北京市已经作为国际奥运城市联盟的成员之一，需要有新的举措推动全民健身活动的开展，不断提高体育人口的发展数量和质量。另外，也是区别于现有一些建设了几块体育场地而叫体育公园的单位。

（2）北京奥运城市体育公园的功能。奥运城市体育公园具有多重性的功能，是全民健身运动场所，是体育项目培训推广基地，是奥林匹克宣传展览阵地，是创意体育和民间比赛的组织中心。

（3）北京奥运城市体育公园的品牌。奥运城市体育公园发挥政府主导的公信力和专业化的影响力。作为连锁式经营管理布局，统一品牌、统一规划、统一建设、统一服务、统一经营、统一管理。既形成了星罗棋布的分区域布局，又形成了体育管理的规模化效应，颠覆现有体育场馆各自为战的经营管理模式。

（4）北京奥运城市体育公园的主要内容。基本配置包括大众长走健身步道，乒乓球区，小足球场，篮球馆，网球馆，羽毛球馆，体育创意会所，经营管理用房（包括办公室、培训室、练操房、餐饮商品）。特色配置包括体育文化创意活动，国内外体育品牌专项推广基地，儿童运动基地，社区与国内外体育交流活动等，努力做到“一园一特色”。

（5）北京奥运城市体育公园的环境。体育运动的休闲化、娱乐化、环境化是未来的发展方向。奥运城市体育公园的体育场馆将建成半地下建筑，不仅节能降耗而且特色设计与郊野公园环境融为一体，打造出一个适合广大群众锻炼的优美绿色环境。

（6）北京奥运城市体育公园的布局。2011 年首先在朝阳区建设一个示范项目推广，2012 年在朝阳区、丰台区、海淀区各建设 1 个。首先考虑选址在临近比较集中的居住区，其次考虑未来规划发展的集聚区。

（7）北京奥运城市体育公园的投资。奥运城市体育公园的体育设施基本建设投资应不少于 1000 万元。首先由政府投入体育产业引导资金 500 万元启动基本项目，然后以孵化器的方式，吸引国有企业、外资企业、民营企业、私人资本入伙，投入场馆建设和经营管理用房建设。由投资主体各个方面（政府、企业、外资、个人）组成投资机构董事会，负责资产管理。如果确能达到一定数量的建设规模，将会吸引风险投资进入，并向上市融资的目标挺进。

（8）北京奥运城市体育公园的经营。投资主体的所有权与日常的经营管理权适度分离。聘请体育设施管理公司负责体育公园的日常经营管理，双方共享社会声誉和经营成果。

七、发挥奥促会作用，推动北京国际世界体育城市建设的可持续发展

2008 年北京奥运会的成功举办不仅为北京城市的社会和经济发展提供了巨大的动力，同时也为推动后奥运时代国际体育中心城市与世界城市融合创新建设的发展提供了难得的新机遇。特别是北京奥运城市发展促进会的成立为北京从奥运城市到后奥运时代国际体育中心城市与世界城市融合创新建设的发展提供了强有力的保障服务。北京奥运城市发展促进会从动员和组织社会力量传承奥林匹克精神和北京奥运精神，促进奥林匹克事业在推动“人文北京、科技北京、绿色北京”融合创新的发展过程中，通过整合和利用“科技奥运、绿色奥运、人文奥运”系统循环功能的实现，对促进北京国际体育文化中心城市与世界城市融合创新建设中发挥了重要的作用。尤其是在促进奥林匹克文化提升教育、体育、青少年、残疾人、志愿服务等社会公益事业的发展，推动北京国际体育文化中心城市与世界城市融合创新建设，开展与国际奥委会、国际奥林匹克城市联盟等相关国际组织的交流与合作，开展奥林匹克援助活动和围绕北京奥运城市发展课题，组织调查研究，积极提出建议，服务城市发展

与政府决策等方面做出了重要贡献。自北京奥运城市发展促进会成立以来，先后组织策划了北京奥运城市体育文化节、青少年奥林匹克教育系列活动、北京国际体育电影周等一系列体育文化品牌项目，广泛开展全民健身、青少年阳光体育以及奥林匹克主题活动。其中，北京奥运城市发展论坛作为北京市传承奥运财富、促进北京从奥运城市向后奥运时代国际体育中心城市与世界城市融合建设的一项重点工作，从2009年开始已成功举办了5届。在党的十八大号召下，加快体育产业发展步伐，把握机遇，再接再厉，借鉴文化产业发展的成功经验，切实解决面临的困难和问题，实现体育产业快速发展，为扩大内需、发展国民经济、促进城市国际化等方面作出重大贡献。

奥促会是以弘扬奥运精神，扩展奥运成果，促进奥林匹克事业和残奥事业在城市的持续发展为宗旨的公益性体育组织，是多元化公共体育服务的主体之一，在贯彻“人文北京、科技北京、绿色北京”发展战略，推动北京世界城市和国际体育文化中心城市建设中应该发挥重要作用。

奥促会要致力于服务世界城市和国际体育中心城市建设，为北京市民提供体育公共服务，必须得到政府的理解、允许和支持。奥促会在参与建设国际体育中心城市进程中，可以协助政府实施相关计划、政策和规章，提供体育公共服务和产品，弥补政府在这方面的不足。同时，对于政府来说，利用奥促会这个公益性体育组织的力量来解决在建设国际体育中心城市的过程中出现的体育公共服务问题，在某些时候更为高效和廉价。

奥促会可以充分利用国际资源，巩固拓展对外交流渠道，并通过其影响力来影响大众传媒，通过持续的分析和研究为政府在体育文化领域的决策提供信息和参考，促进体育公共服务体系建设。奥促会还可以通过公益行动，倡导和维护公共服务的奉献精神、对平等权利的重视、对人、自然和社会的关怀及关爱。

在条件成熟时，北京有必要依托奥林匹克中心区，建设一座“奥林匹克健身休闲中心”，使之成为集体育、文化、娱乐为一体的综合休闲中心，成为展示和体验国际多元体育文化的场所，为首都群众体育提供有效设施和服务。中心在设计建设上可以采取室内与室外设施相结合，涵盖综合运动区、服务区、购物区等区域。综合运动区可以组织篮球、五人制足球、羽毛球、乒乓球、网球、棋牌等健身项目，开展比赛，也可以开展电影放映、文艺演出、文化展览、联谊活动等多种文化活动，成为社区居民参与运动和进行文化休闲活动的平台。服务区提供裁判员、教练员、陪练员的自愿服务，配建国民体质监测站点，提供书吧、餐饮、观赛及医疗保健等公共服务。购物区提供体育用品专卖、小型超市、药品售卖、彩票网点等便民购物设施和服务。

奥促会可以利用自身的办公位置优势、专业优势、公益性组织角色优势等，全面参与“奥林匹克健身休闲中心”建设，通过管理健身休闲中心参与构建体育公共服务体系。奥促会可以通过与各类体育协会合作，在奥林匹克健身休闲中心举办多彩的俱乐部活动，形成奥林匹克健身休闲中心与体育社团相互协作、相互支持运行机制；积极发展会员，在奥林匹克健身休闲中心建成包括健康测量与评定、健身目标设定、运动处方和运动计划制订等环节在内的管理体系，形成稳定的消费群体；推出能够吸引不同群体的体育活动和各种新兴的健身活动，如水中健身操、哑铃操、软式排球、木板冰壶等，并以中心为基地，组织基层赛事；建成居民体育培训基地，通过体育指导员的组织培训，使社区居民形成健康生活方式；建成居民体质监测基地，通过在奥林匹克健身休闲中心推行如2.4km跑步、2km步行等体质监测项目，为社区居民提供体质监测服务。

第五节 构建世界体育城市与世界城市融合创新建设的评价指标体系

北京作为中国的重要特大城市之一，建设世界体育城市和世界城市，实现中国特色世界城市和世界文化城市建设的发展目标，已经成为世人关注的焦点。因此，北京要实现世界体育城市和世界城市融合建设的跨越式发展，必须构建二融合城市建设的评价指标体系，为政府相关部门制订科学的国际体育中心城市与世界城市融合创新建设的政策提供参考依据。尽管目前北京提出了一些具体的数量指标要求，但还没有完善的构建北京国际体育中心城市与世界城市融合创新建设进程中的体育城市评价指标体系。因此，构建北京世界体育城市与世界城市融合创新建设进程中的体育城市评价指标体系势在必行。

一、体育城市评价指标体系构建的基本原则

体育城市的国际化建设作为大城市体育的一种发展动态，其发展水平和服务质量是由各种复杂因素综合决定的。构建北京世界体育城市与世界城市融合创新建设的体育城市评价指标体系是由若干个具有相互作用的要素构成的复合体，是整体与部分的统一，具有各个要素所没有的新的性质和功能，其构建的基本原则主要体现以几个方面。

（1）一致性和科学性原则。评价标准体系的构建必须建立在科学的基础上，才能反映客观实际，对实践具有指导作用。要保证指标选择的科学性，需要兼顾对不同人群现时体育健身需求的满足。

（2）可比性和系统优化原则。构建的评价指标体系不仅要能够评估特定区域服务平台的服务水平，还要能够在不同区域之间进行横向比较。评价指标体系的构建必须在所有研究对象中具备相应的扩展性和普适性，以保证不同地区横向比较的可信度。

（3）代表性和客观性原则。在构建评价指标体系时，不仅要系统全面的考虑各种影响因素，还要选取有代表性的指标来反映被评价对象。

（4）定量和定性相结合的原则。构建的评价指标体系应遵循定量分析和定性分析相结合的原则，以定量分析为主，能用分值直接反映出北京世界体育城市与世界城市融合创新建设的体育城市评价指标体系构建的质量和水平，同时要客观的评价北京世界体育城市与世界城市融合创新建设的体育城市评价指标体系构建的需求，需要合理制订指标层次和指标数量。不能定量化的指标，要通过合理的方法得到相对客观的评估结果。在测评方面，能量化的尽可能量化，不能量化的，进行定性分析。采用定性与定量相结合的原则，力求做到评价指标体系的简洁、实用。

（5）全面性和可操作性原则。构建的评价指标体系必须全面反映北京世界体育城市与世界城市融合创新建设的体育城市可持续发展的各个方面，既要反映城市体育建设质量、管理等方面的总量指标，又要反映它们之间的内部结构关系，还要符合可持续发展目标的内涵，使评价目标和评价指标有机联系起来，使评价指标体系构建的标准能最大限度地覆盖城市体育建设的各个方面和各个环节，同时评价指标体系构建的标准要能够准确描述，尤其是关键要素应能够清楚描述，得出明确的结论。

（6）动态性和前瞻性原则。评价指标体系的构建应是动态的、变化的，这样才能较好地

描述、刻画与量度未来北京世界体育城市与世界城市融合创新建设的体育城市的发展水平和发展趋势。因此，评价指标体系构建的内涵应是与时俱进的，内涵不断发生改变，各项评价指标在指标体系构建中的重要程度也将发生改变，所以在北京世界体育城市与世界城市融合创新建设的体育城市评价指标体系的构建时，必须以前瞻性的眼光和态度来确定，从而站在科学的高度上来构建北京世界体育城市与世界城市融合创新建设的体育城市评价指标体系。

二、体育城市评价指标体系构建的 3 个基本问题

制订、完善科学的体育城市评价指标体系实现北京国际体育中心城市与世界城市融合创新建设的关键所在，事关实现北京国际体育中心城市与世界城市融合创新建设发展目标的成败。必须在掌握科学性、专业性、可操作性、数量评价、质量评价和效果评价的基础上，首先搞清楚体育城市评价指标体系构建的战略性目的，明确构建体育城市评价指标体系的评价标准，设计和完善好体育城市评价指标体系的具体实施步骤，明确体育城市评价指标体系构建的 3 个基本问题。

（1）牢牢把握体育城市评价指标体系与北京世界体育城市与世界城市融合创新建设的一致性，把体育城市评价指标体系构建的内涵内化为北京世界体育城市与世界城市融合创新建设的无形动力，成为推动北京世界体育城市与世界城市融合创新建设的内核。

（2）明确体育城市评价指标体系构建的具有促进北京世界体育城市与世界城市融合创新建设的双重目的。构建体育城市评价指标体系是促进北京世界体育城市与世界城市融合创新建设重要手段和主要途径，其宗旨是促进北京世界体育城市与世界城市融合创新建设的规范、良性、健康和高效发展。

（3）清楚体育城市评价指标体系的构建对推动世界体育城市与世界城市融合创新建设现状与发展趋势，以使体育城市评价指标体系构建和北京世界体育城市与世界城市融合创新建设发展的一致性，实现对北京世界体育城市与世界城市融合创新建设的公平、公正、公开而又科学性，形成有效的体育城市评价指标体系。

三、北京世界体育城市与世界城市融合创新建设中体育城市评价指标体系的构建（表 4-1）

表 4-1　构建世界体育城市与世界城市融合创新建设的体育城市评价指标体系

一级指标	权重	二级指标	权重
A 体育赛事指标	0.287	A01 年度国际体育赛事的数量及收益	0.017
		A02 年度国内体育赛事的数量及收益	0.029
		A03 年度本土体育赛事的数量	0.060
		A04 年度国际体育赛事/占体育赛事的比重	0.055
		A05 年度国内体育赛事/占体育赛事的比重	0.026
		A06 年度本土体育赛事/占体育赛事的比重	0.015
		A07 年度常驻体育赛事的数量	0.021
		A08 职业体育俱乐部数量	0.064
B 体育产业指标	0.214	B01 体育产业总产值	0.0065
		B02 体育产业年度增长值	0.0067
		B03 体育产业占 GDP 的比重	0.0064
		B04 规模企业总值及收益率	0.0063
		B05 体育文化贸易出口总额/本市出口贸易总额的比重	0.0075

续表

一级指标	权重	二级指标	权重
B体育产业指标	0.214	B06 体育文化产业从业人员数量	0.0077
		B07 人均体育文化产值	0.0077
		B08 世界体育文化遗产和自然遗产数	0.0088
		B09 对体育文化产业资源的开发利用程度	0.0084
		B10 体育文化产业区位便利度	0.0058
		B11 体育文化产业到世界主要城市的距离	0.0042
		B12 体育文化产业人均 GDP	0.0066
		B13 体育文化产业人均收入水平	0.0086
		B14 体育文化产业地方自主化程度	0.0047
		B15 体育文化产业经济自由化程度	0.0045
		B16 体育文化产业公共服务政府办事效率	0.0087
		B17 体育文化产业基地数	0.0065
		B18 体育文化产业资金投入	0.0067
		B19 体育文化产业国外投资公司比例	0.0058
		B20 体育文化产业公园数	0.0073
		B21 体育文化产业影视基地数	0.0041
		B22 体育文化产业广告媒体跨国数	0.0091
		B23 体育文化产业政府网站反馈	0.0066
		B24 体育文化产业会展馆、博物馆数量	0.0087
		B25 体育文化旅游产业国际收入	0.0066
		B26 体育文化产业版税和许可证服务出口额	0.0077
		B27 体育文化产业文化产品在国际上的影响力和受欢迎程度	0.0045
		B28 体育文化旅游产业外国旅游客占市民比例	0.0054
		B29 体育文化产业世界 100 强企业适量	0.0064
		B30 著名体育文化产业实验室和科研中心数	0.0065
		B31 体育文化产业国际认可的专利数	0.0065
		B32 体育文化产业国际论文发表数量	0.0065
C社会参与指标	0.225	C01 市民参与体育健身活动意识	0.041
		C02 经常参加体育锻炼人数与常住人口的比例	0.040
		C03 人均体育消费水平	0.026
		C04 人均体育消费占人均消费的比率	0.021
		C05 社区体育组织数量	0.015
		C06 家庭体育消费程度	0.060
		C07 城乡社区文化广场舞比赛占文化活动的比例	0.022
D保障条件	0.274	D01 年度政府体育事业经费投入	0.024
		D02 人均体育场地设施占用面积	0.031
		D03 竞技体育水平	0.029
		D04 高素质的体育人力资源	0.024
		D05 体育健身俱乐部的数量	0.028
		D06 体育法规体系的完善	0.025
		D07 财税政策支持	0.029
		D08 城市交通	0.028
		D09 城市旅馆	0.024
		D10 城市安保	0.022
		D11 城市公共厕所数与占常住人口的比例	0.010

建议是实现后续研究发展趋势和动向的指南，创新性提出冬奥会推动北京建设世界体育城市政策、制度、体制机制和风险管理的对策，实现北京世界体育城市与世界特色城市融合建成的发展战略，为建成国际一流和谐宜居之都提供理论与实践的服务，进一步梳理战略研究的内容、目标和实现的路径、凸显本书研究的亮点和特色，也是未来北京建设世界体育城市发展的需求。

第五章 冰雪项目身体运动功能锻炼方法与手段

广泛开展全民健身活动，加快推进体育强国建设，努力筹办好冬奥会、冬残奥会是中华民族新时期的新追求。体育是综合国力的表现，“体育强，则国强”只有全民身体素质提高才能更好地带动国家发展。借助于2022年冬奥会的成功申办，我国大力发展冰雪项目，将全民健身与冰雪运动有机结合，在冰雪娱乐中健身。2022年冬奥会申办之初，我国就已提出“三亿人上冰雪”目标，作为一个十三亿人口的大国，三亿人口以比列来看只占总人口量的20%左右，看似小比例的人口，但对于冬季项目落后的中国来说实现这一目标还需要很大一步，还需要全民共同努力。

大众冰雪健身与竞技冰雪不同的是竞技冰雪主要以竞赛取得运动成绩为目的，而大众冰雪健身则是以健身和娱乐身心为主，在娱乐中增强身体素质。大众冰雪健身主要有以下几方面特点：广泛性，趣味性，易学性。冰雪项目对于运动者的平衡性、协调性、灵敏性等都有较高的要求，现在许多人不愿意参与冰雪运动的主要目的主要有两方面：一方面不了解冰雪项目，自主意识里认为冰雪项目危险系数较高，害怕受伤。另一方面是不自信，因自身不能很好地掌握其运动技术，在学习、生活、工作中很少的接触冰雪项目运动，也没有专业教练员的指导，对自身技术持怀疑态度。功能性组合训练是将神经系统、肌肉骨骼系统联系起来的一种综合训练手段，它将神经系统与肌肉骨骼有效的控制和支配，通过伸展紧张的肌肉和改善全身心的健康状况重新锻炼身体，使身体更好地适应各种运动。在这里笔者将冰雪项目与身体功能性锻炼相结合，运用绳梯、小栏架、瑞士球、健腹轮等器材，做出一套适合冰雪项目身体运动功能锻炼的方法与手段，这些方法与手段对于增强冰雪运动所需的专项身体素质与专项体能十分重要，希望能给冰雪爱好者提供借鉴。

第一节　冰雪项目身体运动功能锻炼——垫上组合训练

垫上组合训练是不断通过变换身体姿势，寻找平衡稳定的一个过程，人体在运动过程中受到外力或其他某一因素影响时会影响身体发生移动变化，训练通过控制肌肉收缩和伸张产生的力控制运动轨迹，维持身体姿势。垫上组合训练作用有：防止运动损伤，锻炼运动技能；提高核心柱稳定；运动康复治疗；提高锻炼兴趣。垫上组合训练因场地、器材要求较小，受到教练员与运动员的青睐，这里将冰雪项目特点与垫上组合训练相结合，提出一些冰雪项目身体运动功能锻炼方法与手段，对冰雪运动员，冰雪参与者的核心柱稳定、动作平衡起到重要作用。因冰雪项目具有防止运动损伤和康复治疗作用，其在冰雪项目中同样能用于运动前热身和运动后放松练习，有效预防运动员的伤病并提高运动技术。

一、拉伸组合

1. 练习方法：跪立在垫子上，左右分别一次拉伸肘部和大臂，右腿向右侧前方伸出，右肩，左肩分别压腿一次，左腿向左侧前方伸出，左肩，右肩分别压腿一次，左腿向外继续延伸，拉伸整个背部，起身换方向拉伸背部。

2. 注意事项：在保证安全的情况下，最大限度拉伸整个身体。

3. 练习肌群：全身激活。

二、俯卧转体呈侧撑

1. 练习方法：准备姿势为肘部脚尖撑于垫上，身体呈平板支撑状，之后左臂支撑与垫上，向右转体 90°呈侧支撑，右手上举，髋部上顶，双腿并拢，保持 5 秒后还原到平板支撑状，接着做反向动作。

2. 注意事项：动作过程中保持核心始终处于紧张用力状态，肩、髋、膝保持在一条直线上，左右转体时控制身体稳定，手上举时要垂直于地面。

3. 练习肌群：腹直肌、腹横肌、髂腰肌、臀大肌。

三、俯卧撑同时展腿

1. 练习方法：身体手脚支撑在垫子上，俯卧撑同时左腿外展，恢复支撑后换方向，左右方向交替进行。

2. 注意事项：俯卧撑身体与地面平行，向上撑起时不要提臀或塌腰。

3. 练习肌群：胸大肌、臀大肌、腹直肌、腹横肌、髂腰肌、三角肌。

四、俯卧肘撑膝腿

1. 练习方法：俯卧肘脚撑呈平板撑姿势，一侧大腿外展屈膝前屈，接着向内划弧还原，左右腿交替进行。大腿外展前屈时，小腿屈与大腿之间呈 90°，大腿外展与身体在一个平面内尽量前屈至最大程度。

2. 注意事项：摆腿同时，勾脚尖，身体保持稳定，不要左右晃动带动小腿勾脚尖屈腿向前。

3. 练习肌群：股二头肌、股三头肌、臀大肌、腹外斜肌、腹直肌。

五、俯卧肘撑后交叉腿

1. 练习方法：俯卧肘脚撑呈平板撑姿势，大腿带动小腿先向外展之后向异侧腿外侧摆动，左右依次交替进行。

2. 注意事项：向外伸展到最大限度，保持身体平衡。

3. 练习肌群：大腿内侧肌群、大腿外侧肌群。

六、俯卧手膝撑抬收异侧手腿

1. 练习方法：俯卧于垫上，双手双脚支撑，慢慢抬起相反的手和腿，先使大腿和手臂充分伸直，并与同伴击掌后回收，收至肘膝相触，重复三次后换另一侧。

2. 注意事项：保持躯干的稳定性，整个练习过程中躯干伸直，髋轴平行。

3. 练习肌群：三角肌、腹内斜肌、内收大肌、腹直肌、臀大肌、股直肌、股二头肌、阔筋膜张肌。

七、侧卧向上抬手脚

1. 练习方法：左侧卧于垫上，用肘关节和踝关节支撑身体，使腿、髋、肩和头位于一条直线上，向上同时抬右臂和右腿，重复三次换另一侧。

2. 注意事项：腿、髋、头位于一条直线上，整个练习过程中躯干伸直，髋轴平行。

3. 练习肌群：腹部肌群、三角肌、股直肌、臀大肌、臀中肌。

八、侧卧肘脚撑转体抬异侧手臂

1. 练习方法：侧卧于垫上，将腰背撑起，保持腿、髋、头位于一条直线上，先向上抬外侧手臂，后髋带动身体向内转 90°同时抬异侧手臂，并且手臂充分伸直，相反方向交替进行。

2. 注意事项：向上抬手臂时，手臂要与身体在一个平面，转体后抬的异侧手臂要充分伸直。

3. 练习肌群：三角肌、腹部肌群、臀大肌、股直肌、股二头肌、阔筋膜张肌。

九、侧卧腿转圈

1. 练习方法：侧卧于垫上，右肘和左手触垫支撑，左膝弯曲，膝关节支撑，用肘和膝关节力量使髋、肩和头处于同一直线上，抬起右腿，与臀同高，勾脚尖划圈。

2. 注意事项：髋、肩和头处于同一直线上，右腿直腿抬起，先绕小圈后大圈。

3. 练习肌群：臀大肌、臀中肌、臀小肌、股直肌、股二头肌、股内侧肌、腹横肌、腹内斜肌。

十、仰卧单腿臂桥

1. 练习方法：仰卧于垫上，双腿屈膝，脚心朝下，肩脚支撑，利用髋关节力量将身体撑起来，使肩、髋和膝关节位于一条直线上，右腿抬起至膝盖到达最高点，同时向上顶髋成桥状。

2. 注意事项：动作时收腹，臀部保持不动。

3. 练习肌群：腹直肌、股直肌、阔筋膜张肌、臀大肌、腹横肌、腹内斜肌。

十一、仰卧收异侧手腿

1. 练习方法：仰卧在垫子上，双脚并拢离地，肩膀离地，双手放在脑后，感觉腹部用力支撑身体，腹部用力，收异侧手腿使异侧手肘部和膝盖相碰，恢复准备姿势，反方向，依次交替进行。

2. 注意事项：上体不要抬起过多，尽量保持稳定。

3. 练习肌群：腹直肌，腹横肌，腹外斜肌、背阔肌。

十二、仰卧拍手 20 次

1. 练习方法：仰卧在垫子上，上身略抬起，感受腹部发力，双腿屈膝与地面垂直，大腿与小腿折叠约成 90°，手放于体侧离开垫子，快速挥臂 20 次，双腿并拢直推上举，挥臂 20 次，双腿下落与垫子约成 15°，挥臂 20 次。

2. 注意事项：手臂不要弯曲，挥臂不要停顿，身体一直保持稳定。

3. 练习肌群：股直肌，三角肌，股四头肌。

十三、仰卧肩脚撑抬腿外展

1. 练习方法：仰卧于垫上，双腿屈膝，脚心朝下，肩脚支撑，利用髋关节力量将身体撑起来，使肩、髋和膝关节位于一条直线上，右腿直腿上抬，约于地面垂直后外展至与身体水平，保持 15～20 秒换另一侧。

2. 注意事项：臀部与躯干保持伸直，勾脚尖。

3. 练习肌群：股内侧肌、股直肌、长收肌、腹直肌、臀大肌、臀中肌、髂腰肌。

十四、仰卧交替抬腿

1. 练习方法：仰卧于垫上，双腿屈膝，双手放于髋骨处，向上抬腿，左右交替进行。

2. 注意事项：抬腿时直腿上抬，动作进行时收腹，臀部保持不动。

3. 练习肌群：腹直肌、臀大肌、腹内斜肌、筋膜扩张肌。

十五、坐撑直臂扭转

1. 练习方法：坐于垫上，两腿左右分开至最大幅度，上体直立，两臂侧平举，向右转体，左手向左脚外侧下压，右手臂向后伸展，反方向，左右交替进行练习。

2. 注意事项：臀部不要离开垫子。

3. 练习肌群：背阔肌、腹直肌、臀大肌、股二头肌、三角肌、大圆肌。

十六、肘膝对抗转体

1. 练习方法：坐于垫上，左腿屈膝贴地，右脚放于左腿外侧触地，上体撑地，左臂弯曲从右腿外侧传入，右臂从背部绕过，两手于背部相拉。

2. 注意事项：臀部贴地，身体保持平衡。

3. 练习肌群：背阔肌、腹外斜肌、斜方肌、大圆肌、臀大肌。

十七、拉伸

1. 练习方法：俯卧于垫上，上肢先向前伸，之后向外划弧，收于胸侧时呈两头起，转成手腿撑，向后拉伸腹部肌群，后变为跪姿，上体前趴，延展背部肌肉。

2. 注意事项：身体保持稳定，相应肌肉充分拉伸，全身放松。

3. 练习肌群：全身肌肉群。

第二节　冰雪项目身体运动功能锻炼——悬吊组合训练

悬吊训练时是将身体某一部分悬吊起来，从而让身体在不稳定的状态下进行动力性或者静力性的力量训练，训练的目的在于增强身体核心肌群的力量，改善神经、肌肉系统的协调能力。悬吊训练能够很大程度的增加运动单位的集聚，可以激活兴奋性比较低的深层肌肉群和小肌肉群的活动，有助于身体肌肉力量的整体提高。将悬吊训练运用到冰雪项目的身体功能锻炼的过程中，有助于改善冰雪运动员的身体控制能力、提高核心力量、预防运动损伤。

悬吊训练的注意事项主要有以下几点：

1. 训练时保持正确的姿势。
2. 合理调整自身的呼吸节奏。
3. 肌肉感觉疼痛时应该先停止训练。
4. 训练时保持躯干的稳定。
5. 利用多种练习形式进行训练。
6. 根据项目的需要控制好练习持续时间和间歇时间。

结合冰雪项目的特点，设计出以下悬吊训练方法：

一、俯卧双臂悬吊正抬腿

1. 练习方法：双手手臂撑于悬吊带上，保持肩、臀、踝在一条直线上，保持直膝向上抬腿，左右交替进行。
2. 注意事项：躯干保持紧张，腰部不要塌陷，抬腿时勾脚尖。
3. 练习肌群：髂腰肌、臀大肌、股四头肌、三角肌、冈上肌、冈下肌。

二、俯卧双臂悬吊侧抬腿

1. 练习方法：双手手臂撑于悬吊带上，保持肩臀踝在一条直线上，保持直膝向上抬一条腿后向外展，然后收回，双腿交替进行。
2. 注意事项：躯干保持紧张，腰部不要塌陷，抬腿时勾脚尖。
3. 练习肌群：髂腰肌、臀大肌、股四头肌、三角肌、冈上肌、冈下肌。

三、俯卧双臂悬吊正收腿

1. 练习方法：双手手臂撑于悬吊带上，保持肩臀踝在一条直线上，向前收腿，使大腿垂直于地面，左右交替。
2. 注意事项：腰部不要塌陷，向上收腿时保证身体稳定性。
3. 练习肌群：髂腰肌、臀大肌、股四头肌、三角肌。

四、跪姿双臂悬吊直臂上摆

1. 练习方法：跪立，两手分别握住悬吊环，保持直臂，身体缓慢前倾，同时两臂缓慢向上抬，身体保持一条直线。然后手臂缓慢下摆回到初始位置。
2. 注意事项：躯干始终保持固定，膝关节固定支撑。

3. 练习肌群：三角肌、冈上肌、冈下肌。

五、跪姿双臂悬吊直臂外展

1. 练习方法：跪立，两手分别握住悬吊环，保持直臂，身体缓慢前倾，同时两臂缓慢向外展直到与身体成一条直线，躯干保持一条直线。然后手臂缓慢收回到初始位置。

2. 注意事项：躯干始终保持固定，膝关节固定支撑。

3. 练习肌群：三角肌、冈上肌、冈下肌。

六、侧卧单肘悬吊向上抬腿

1. 练习方法：一手臂从悬吊环穿到肘部固定，转体，用穿过悬吊环的肘部支撑身体。自然伸展开身体，上方腿缓慢上抬，感觉适度的牵拉后再缓慢放下。

2. 注意事项：躯干保持稳定，身体伸展开，勾脚尖。

3. 练习肌群：股四头肌、肱三头肌、三角肌、腹内斜肌、腹外斜肌。

七、侧卧双腿悬吊向前收腿

1. 练习方法：悬吊环相扣，双腿悬吊在一个环上，转体，单肘支撑身体，缓慢抬起臀部，身体自然展开，双腿向胸前收腿。

2. 注意事项：躯干保持稳定，身体伸展开，勾脚尖。

3. 练习肌群：多裂肌、股四头肌、阔筋膜张肌、肱三头肌、三角肌、腹内斜肌、腹外斜肌。

八、侧卧单腿悬吊分腿前后摆

1. 练习方法：悬吊环相扣，单腿悬吊，被套脚踝在上，转体，单肘支撑身体，缓慢抬起臀部，身体自然展开，上方腿固定，下方腿缓慢前摆后再后摆。

2. 注意事项：躯干保持稳定，身体伸展开，勾脚尖。

3. 练习肌群：股四头肌、阔筋膜张肌、肱三头肌、三角肌、腹内斜肌、腹外斜肌。

九、俯卧双腿悬吊外展

1. 练习方法：两手分别将悬吊环套在两脚脚面上，两臂伸直支撑，伸直双腿，两大腿向外分开至最大后缓慢收回。

2. 注意事项：躯干始终保持水平，避免塌腰，直臂支撑。

3. 练习肌群：髂腰肌、臀大肌、股四头肌、三角肌。

十、俯卧单腿悬吊单腿外展

1. 练习方法：将悬吊环套在支撑脚的脚面上，两臂伸直支撑，双腿伸直，单腿向外展至最大后收回，另一条腿保持稳定。

2. 注意事项：躯干始终保持水平，避免塌腰，直臂支撑。

3. 练习肌群：髂腰肌、臀大肌、股四头肌、三角肌。

十一、仰卧双腿悬吊屈腿正收

1. 练习方法：两手分别将悬吊环套在两脚脚面上，肩部着垫支撑，臀部向上抬起，保持静止后屈膝收腹。

2. 注意事项：完成动作过程中躯干始终保持水平，屈膝收腹用力均匀。

3. 练习肌群：股四头肌、阔筋膜张肌、腹内斜肌、腹外斜肌。

十二、仰卧单腿悬吊单腿旋转

1. 练习方法：将悬吊环套在支撑脚的脚踝上，肩部着垫支撑，臀部向上抬起，保持静止后未套悬吊环的腿做旋转。

2. 注意事项：完成动作过程中躯干始终保持水平，旋转的腿保持伸直。

3. 练习肌群：股四头肌、阔筋膜张肌、腹内斜肌、腹外斜肌。

十三、仰卧双腿悬吊外展

1. 练习方法：两手分别将悬吊环套在两脚脚面上，仰卧，肩部着垫支撑，伸直双腿，两大腿向外分开至最大后缓慢收回。

2. 注意事项：躯干始终保持水平，避免塌腰，直臂支撑。

3. 练习肌群：髂腰肌、臀大肌、股四头肌、三角肌。

十四、直立单腿悬吊前蹬

1. 练习方法：站立，面对悬吊环，单腿踩住悬吊环，身体前倾同时缓慢前伸小腿，直到感觉适度的牵拉，然后缓慢收回。

2. 注意事项：背部发力，支撑腿要稳定，身体充分前倾。

3. 练习肌群：半腱肌、半膜肌、股二头肌、竖脊肌。

十五、直立单腿悬吊侧前方蹬

1. 练习方法：站立，让悬吊环处于身体的侧前方，单腿踩住悬吊环，身体前倾同时缓慢前伸小腿，直到感觉适度的牵拉，然后缓慢收回。

2. 注意事项：背部发力，支撑腿要稳定，身体充分前倾。

3. 练习肌群：半腱肌、半膜肌、股二头肌、竖脊肌。

十六、直立单腿悬吊侧弓步

1. 练习方法：站立，侧对悬吊环，单腿踩住悬吊环，身体侧倾同时悬吊腿缓慢向一侧外展成侧弓步，然后缓慢收回小腿还原。

2. 注意事项：躯干始终保持一条直线，支撑腿要稳定，悬吊腿外展充分。

3. 练习肌群：大腿内收肌、竖脊肌。

十七、直立单腿悬吊半蹲起

1. 练习方法：站立，背对悬吊绳，单脚脚面套住悬吊绳。缓慢下蹲，悬吊腿后移，感觉适度牵拉后缓慢蹬伸支撑腿还原。

2. 注意事项：腿部背部发力，下蹲时膝关节不超过脚尖。

3. 练习肌群：股四头肌、竖脊肌。

第三节　冰雪项目身体运动功能锻炼——栏架组合训练

栏架组合练习主要是通过栏架的方向变换，高低栏架的缓冲，在不稳定的环境下增强人体对身体的控制。栏架组合训练作用有：

1. 对练习者神经-肌肉系统兴奋性的提高有较好的促进作用，增强人体的本体感觉；

2. 提高膝、髋、踝关节的灵活性、协调性和灵敏性；

3. 维持身体的稳定性，提高相关肌肉群的快速力量；

4. 也能够有效的实现运动技能的迁移；

5. 增强训练的乐趣性；冰雪运动的场地特点，对我们身体的稳定性有很高的要求，将栏架组合训练融入到冰雪项目的陆上训练中，对于冰雪运动专项技术能力的提升有一定的帮助。

一、侧面滑冰步

1. 练习方法：侧面栏架单脚滑冰步屈膝站立，另一只脚交叉收住，脚尖自然放松，腾空跳过栏架换腿单脚滑冰步落地，手臂自然摆动，拉直脊柱，重心下降。

2. 注意事项：起跳腿屈膝，摆动腿收住，稳定住身体。

3. 练习肌群：臀大肌、股四头肌、股二头肌、小腿肌群。

二、变向滑冰步

1. 练习方法：正面栏架站立，屈膝腾空跳过栏架成单脚滑冰步落地，另一只脚交叉收住，脚尖自然放松，手臂自然摆动，拉直脊柱，重心下降。

2. 注意事项：起跳腿屈膝，摆动腿收住，稳定住身体。

3. 练习肌群：臀大肌、股四头肌、股二头肌、小腿肌群。

三、垫步单脚下蹲

1. 练习方法：正面栏架站立，双脚打开与肩同宽，屈膝重心下降，双脚原地垫步，腾空跳过栏架单脚支撑下蹲，另一只腿向前伸直，上体正直。

2. 注意事项：稳定住身体。

3. 练习肌群：臀大肌、股四头肌、股二头肌、小腿肌群。

四、单足变向成滑冰步

1. 练习方法：正面栏架站立，单足站立起跳过栏变向成滑冰步姿势。

2. 注意事项：控制身体稳定性。

3. 练习肌群：臀大肌、股四头肌、股二头肌、小腿肌群。

五、正方形单足跳

1. 练习方法：正面栏架单脚屈膝站立，上体稍前倾，按顺时针方向单足连续跳过每个栏架。

2. 注意事项：动作节奏连贯。

3. 练习肌群：股四头肌、股二头肌、小腿肌群。

六、正向高抬腿

1. 练习方法：正面栏架站立，栏架间隔 50cm 左右，快速高抬腿一步一个栏，上体微微向前倾斜，手臂前后自然摆动。

2. 注意事项：脚尖落地，大腿抬高与地面平行，重心维持在躯干中心。

3. 练习肌群：臀大肌、股四头肌、股二头肌、躯干核心肌群、小腿肌群。

七、侧向前后交叉

1. 练习方法：侧面栏架站立，快速交叉步，一次前后交叉步过一个栏。

2. 注意事项：动作完成频率加快。

3. 练习肌群：臀大肌、大腿前部肌群、股后肌群。

八、单足正向跳

1. 练习方法：面对栏架单足站立，单脚连续跳过栏架。

2. 注意事项：动作完成频率加快，上体不能左右倾斜。

3. 练习肌群：臀大肌、股四头肌、股二头肌。

九、单足侧向

1. 练习方法：侧面栏架站立，单脚连续跳过栏架。

2. 注意事项：动作完成频率加快。

3. 练习肌群：臀大肌、股四头肌、股二头肌。

十、行进间滑冰步

1. 练习方法：侧面栏架单脚滑冰步屈膝站立，另一只脚交叉收住，脚尖自然放松，腾空跳过栏架换腿单脚滑冰步落地，迅速缓冲跳跃下一个，依次向前完成，手臂前后自然摆动，拉直脊柱，重心下降。

2. 注意事项：起跳腿屈膝，摆动腿收住，控制住身体，节奏稳定。

3. 练习肌群：臀大肌、股四头肌、股二头肌、小腿肌群、手臂肌群。

十一、行进间左右移动滑冰步

1. 练习方法：侧面栏架站立，向一侧移动腾空跳过栏架换腿单脚滑冰步落地，再迅速移动过下一个栏架，依次向前完成，手臂前后自然摆动，拉直脊柱，重心下降。

2. 注意事项：起跳腿屈膝，摆动腿收住，稳定住身体。

3. 练习肌群：臀大肌、股四头肌、股二头肌、小腿肌群、手臂肌群。

十二、行进间左右单足跳

1. 练习方法：面对栏架站立，左脚跳过栏架，迅速向右移动右脚跳过栏架。

2. 注意事项：动作完成频率加快。

3. 练习肌群：臀大肌、股四头肌、股二头肌、小腿肌群。

十三、行径间双脚过栏架蹲

1. 练习方法：正面栏架站立，双脚打开与肩同宽，双臂垂直置于体后，膝关节微屈，双臂带动身体跳跃过栏架，迅速再过下一个栏架单腿蹲，另一条腿向前伸直，上体正直。立直身体跳跃过栏架双脚落地打开与肩同宽，双臂带动身体跳跃过栏架，迅速再过下一个栏架换一条腿单腿蹲，依次向前完成。

2. 注意事项：起跳腿屈膝，摆动腿收住，稳定住身体。

3. 练习肌群：臀大肌、股四头肌、股二头肌、小腿肌群。

第四节　冰雪项目身体运动功能锻炼——绳梯组合训练

绳梯组合训练主要是各种步法和动作模式的练习。经常进行不同组合的绳梯训练，尤其是一些不熟练的新颖性强的动作练习，对神经系统形成新异刺激，提高神经系统对肌肉细胞的动员能力和对动作的控制能力，提高动作速度以及动作的灵敏性、协调性和平衡性。而这些正是冰雪项目运动中必不可少的。动作熟练程度高，动作自动化，能够使冰雪运动参与者的视觉、听觉、位觉和本体感觉保持高度敏感性，在瞬间完成反应、预测、决策，并形成动作，提高运动能力，预防运动损伤。绳梯组合训练手段的设计还可以根据不同冰雪运动项目的动作模式进行设计和创新，在对冰雪项目所需基础体能的形成和提升具有重要的借鉴作用。

一、正向框内框外前移

1. 动作方法：正对软梯站立，左右脚依次迈步框内，左脚移出到左边框，右脚移出到右边框外。触地瞬间，左右脚依次迈步进入第二个格子内。依次循环向前。

2. 注意事项：脚与地面接触的时间越短越好。

3. 练习肌群：股四头肌、股二头肌、小腿三头肌、半腱肌和半膜肌、阔肌膜张肌。

二、背向框内框外前移

1. 动作方法：背对软梯站立，左右脚依次迈步框内，左脚移出到左边框，右脚移出到右边框外。触地瞬间，右脚左脚依次迈步进入第二个格子内。依次循环向后。

2. 注意事项：脚与地面接触的时间越短越好。

3. 练习肌群：股四头肌、股二头肌、小腿三头肌、半腱肌和半膜肌、阔肌膜张肌。

三、正向前交叉

1. 动作方法：以左侧开始为例，正对绳梯站立于绳梯左侧，左脚向前交叉进框，然后右脚和左脚依次移动到绳梯右侧。继而右脚首先移动进框，左脚直接移动到绳梯左侧，然后右脚移动到绳梯左侧。触地瞬间，右脚左脚依次向前迈步进入第二个格子内。依次循环向后。

2. 注意事项：注意动作的连贯性。

3. 练习肌群：股四头肌、股二头肌、小腿三头肌。

四、背向前交叉

1. 动作方法：以左侧开始为例，背对绳梯站立在绳梯左侧，左脚向前交叉进框，然后右脚和左脚依次移动到绳梯右侧。继而右脚首先移动进框，左脚直接移动到绳梯左侧，然后右脚移动到绳梯左侧。触地瞬间，右脚左脚依次向后迈步进入第二个格子内。依次循环向后。

2. 注意事项：注意动作的连贯性。

3. 练习肌群：股四头肌、股二头肌、小腿三头肌。

五、正向后交叉

1. 动作方法：以左侧开始为例，正对绳梯站立于绳梯左侧，左脚向后交叉进框，然后右脚和左脚依次移动到绳梯右侧。继而右脚首先后交叉进框，左脚直接移动到绳梯左侧，然后右脚移动到绳梯左侧。触地瞬间，右脚左脚依次向前迈步进入第二个格子内。依次循环向后。

2. 注意事项：整个动作过程要求连贯没有停顿、节奏清晰。

3. 练习肌群：股四头肌、股二头肌、小腿三头肌。

六、背向后交叉

1. 动作方法：以左侧开始为例，背对绳梯站立于绳梯左侧，左脚向后交叉进框，然后右脚和左脚依次移动到绳梯右侧。继而右脚首先后交叉进框，左脚直接移动到绳梯左侧，然后右脚移动到绳梯左侧。触地瞬间，右脚左脚依次向前迈步进入第二个格子内。依次循环向后。

2. 注意事项：整个动作过程要求连贯没有停顿、节奏清晰。

3. 练习肌群：股四头肌、股二头肌、小腿三头肌。

七、弹力带内跨步向前跳

1. 动作方法：正对软梯，将弹力带固定在脚踝上，右脚在格子内，左脚在格子外成小弓箭步。右脚蹬地让左脚踏入前框，右脚在框外，成“人”字形依次循环向后。

2. 注意事项：开始选择阻力较小的弹力带，逐渐加大蹬地的动作幅度。

3. 练习肌群：股四头肌、阔肌膜张、小腿三头肌。

八、弹力带内跨步向后跳

1. 动作方法：背对软梯，将弹力带固定在脚踝上，右脚在格子内，左脚在格子外成小弓箭步。右脚蹬地跳，使左脚迈入后框内，右脚迈出框外，成“人”字形依次循环向后。

2. 注意事项：开始选择阻力较小的弹力带，逐渐加大蹬地的动作幅度。

3. 练习肌群：股二头肌、腓肠肌、比目鱼肌。

九、弹力带侧向移动

1. 动作方法：侧对软梯站立，将弹力带固定在脚踝上，膝关节屈曲 130°，上体略前倾；前脚掌着地，一步一步快速平行侧移，手臂配合摆动。

2. 注意事项：尽可能减少脚掌与地面的接触时间，并控制动作节奏。

3. 练习肌群：股四头肌、阔肌膜张、小腿三头肌。

十、单腿侧跨前移

1. 动作方法：正对软梯站立，左脚支撑，右脚跳到第一个格子的右框外，触地瞬间，右脚支撑，左脚跳到第一个格子的左框外，依次循环向前。

2. 注意事项：单脚支撑时，注意停顿几秒，并控制动作节奏。

3. 练习肌群：股外侧肌、股内侧肌、小腿三头肌。

十一、开合蹲跳

1. 动作方法：正对软梯站立，跳起后落在第一个格子外，屈膝 90°半蹲；停顿 1～2 秒钟稳定身体重心；跳起双脚落在第二个格子内，屈肘双手置于体侧；爆发式跳起，落在第三个格子外。依次内外循环一个格。

2. 注意事项：膝关节不要超过脚尖，上体保持正直。

3. 练习肌群：臀大肌、阔筋膜张肌、腘绳肌、小腿三头肌等。

十二、正向开合触脚跳

1. 动作方法：正对软梯两脚开立，双脚同时前跳，左腿支撑落于第一个格子内，右腿高内收小腿，左手触碰右脚踝，触脚后积极下压打开落在第二个格子边框外；换右腿支撑，左腿高抬膝关节外展，右手触碰左脚踝。依次循环向前。

2. 注意事项：注意背部保持挺直，膝关节高抬充分外展，动作轻盈快速，节奏感强。

3. 练习肌群：臀大肌、阔筋膜张肌、腘绳肌、小腿三头肌。

十三、背向开合触脚跳

1. 动作方法：背对软梯两脚开立，双脚同时后跳，右腿支撑落于第一个格子内，左腿高抬内收小腿，右手触碰左脚踝，触脚后积极下压打开落在第二个格子边框外；换左腿支撑，右腿高抬膝关节外展，左手触碰左脚踝。依次循环向前。

2. 注意事项：注意背部保持挺直，膝关节高抬充分外展，动作轻盈快速，节奏感强。

3. 练习肌群：臀大肌、阔筋膜张肌、腘绳肌、小腿三头肌。

十四、正向进退跳

1. 动作方法：正对软梯两脚开立，双脚同时向前跳入第一个格子，然后在跳入第二个格子，后迅速向后跳入第一个格子。依次循环向前。

2. 注意事项：注意积极摆臂配合，动作轻盈快速，节奏感强。

3. 练习肌群：股四头肌、半膜肌、半腱肌，股二头肌、小腿三头肌。

十五、滑步侧跨单脚支撑（两侧）

1. 动作方法：正对软梯在第一个格子的左侧站立，双脚依次进入到第一个格子，触地瞬间右脚侧跨移出到右边框外，单脚支撑，左脚悬空后摆，稳定身体重心后右脚往第二个格子侧跨回框，触地瞬间左脚侧跨移出到左边框外，单脚支撑，右脚悬空后摆。循环向前。

2. 注意事项：单脚支撑时上体下压，保持身体稳定性。

3. 练习肌群：股四头肌、阔肌膜张、小腿三头肌。

十六、滑步侧跨单脚支撑（一侧）

1. 动作方法：正对软梯在第一个格子的左侧站立；双脚依次进入到第一个格子，触地瞬间右脚侧跨移出到右边框外，单脚支撑，左脚悬空后摆，稳定身体重心后右脚依次进入到下一个格子内，右脚支撑左脚侧跨移出到右边框外迅速移到下一个框内。循环向前。

2. 注意事项：单脚支撑时上体下压，保持身体稳定性。

3. 练习肌群：股四头肌、阔肌膜张、小腿三头肌。

十七、宽跨步前交叉

1. 动作方法：正对软梯在第一个格子的右侧站立；右腿向左前方迈步腾空，落在左边框外，手臂配合前后摆动维持身体平衡；右脚蹬转，左脚向右前方迈步落在右边框外。依次循环向前。

2. 注意事项：注意反方向练习。

3. 练习肌群：腹内斜肌、腹外斜肌、腹直肌、股四头肌、腰方肌、阔筋膜张肌、小腿三头肌等。

十八、方形跳

1. 动作方法：侧对软梯，一脚在格子内，一脚在格子外，膝关节微屈；右脚蹬地向左前转体 90°；双脚触地瞬间继续向左转体 90°左脚进入下一个格子，触地后左脚蹬地向左前方转体 90°。依次循环向前。

2. 注意事项：每次转动后保持头、肩、髋、双脚正对转动方向。

3. 练习肌群：骨直肌、比目鱼肌、腓肠肌。

十九、推小车框内框外前移

1. 动作方法：两人一组前后站立，前面的练习者以俯卧撑的姿势开始；同伴抓住练习者的脚踝并提起，模仿推车动作，练习者双手依次向框外框内前移。依次循环向前。

2. 注意事项：辅助者不可用力过猛。

3. 练习肌群：腰直肌、胸大肌、三角肌、股二头肌、斜方肌、肱桡肌。

二十、侧向环转跳

1. 动作方法：侧对软梯，一脚在格子内，一脚在格子外，膝关节微屈；跳起空中向左前转体 180°，左脚进入下一个格子，右脚进入第二个格子，屈膝半蹲稳定中心后反向环转

180°。依次循环向前。

2. 注意事项：注意动作协调性、每次转动后保持头、肩、髋、双脚正对转动方向。

3. 练习肌群：腹内斜肌、腹外斜肌、腹直肌、股四头肌、腰方肌、阔筋膜张肌、小腿三头肌。

二十一、单腿侧跳传接球

1. 动作方法：两人一组面对面，练习者侧面一脚站立在格子内，另一只悬空，膝关节微屈；同时同伴接住同伴抛出的球，全脚掌用力向左侧下一格内跳入，同时同伴抛出同伴抛给的球；依次循环向前。

2. 注意事项：注意单腿支撑是身体的稳定性。

3. 练习肌群：股四头肌、阔肌膜张肌、小腿三头肌。

二十二、双绳梯进退步

1. 动作方法：正面站立两绳梯中间位置，左右脚依次迈入左右绳梯第一二三个格，然后左右腿向绳梯中间退一步，分别移入两绳梯第一个格内。依次循环向前。

2. 注意事项：尽量减少与地面的摩擦接触。

3. 练习肌群：股四头肌、半腱肌和半膜肌、阔肌膜张肌、小腿三头肌。

第五节　冰雪项目身体运动功能锻炼——弹力带组合训练

弹力带抗阻训练最典型的特点是用一根长的弹力带或弹力管进行训练。弹力带是一种相对价格低廉、轻便、易于随身携带的训练工具，仅一根弹力带就可以锻炼运动者身体重要的肌肉群，这决定了弹力带抗阻训练不仅能在高水平运动队开展，也能很好地在基层、学校和训练条件简陋的地区开展。

弹力带的阻力与重力无关，其阻力来源于弹力带本身的拉长而非地球的引力，因此可以自由转动，能在任何姿势，任何平面训练到全身大部分的肌肉，训练时更自由，更接近专项化，有利于运动员提高自身技术。运用弹力带练习的一大优点是弹力带较大型器械比较更安全可靠，避免一些危险的发生，这就避免了一些非专业运动员担心的问题。使用弹力带时注意事项：

1. 使用前检查弹力带，看是否牢固，是否出现裂口；

2. 练习由慢到快，根据自身身体素质调整；

3. 训练动作尽量避免脸前方进行，避免伤及自己；

4. 不要超出拉力带承受范围，通常弹力带拉伸是自然状态的 3 倍；

5. 弹力带放置时避免阳光直射。

一、直臂上拉

1. 练习方法：两脚开立与肩同宽，两脚踩住弹力带中段，两手分别抓住手柄，两臂伸直贴于身体两侧，练习者缓慢经体侧向上牵拉弹力带至头顶，静止一段时间，还原。

2. 注意事项：保持躯干稳定，肩部用力，而不是肘部提拉。进阶阶段可上拉至头顶。

3. 练习肌群：肱三头肌、三角肌、肱二头肌。

二、直臂下拉

1. 练习方法：将管状弹力带中部固定于练习者前方，高度高于练习者肩部，练习者两脚前后自然分开，稍屈膝站立，两手掌心向下，分别抓住弹力带手柄，由两臂前平举位置直臂缓慢向下拉弹力带，直到两手臂贴于身体两侧，静止一段时间还原。

2. 注意事项：下拉时，身体保持平衡，两臂伸直。

3. 练习肌群：肱三头肌、三角肌 。

三、屈髋交叉外展牵拉

1. 练习方法：两脚开立与肩同宽，两脚踩住弹力带，两端等长，弹力带身前交叉握于两手柄。练习者缓慢弯腰屈髋，同时两臂外展，向体侧牵拉弹力带直至与肩持平，静止一段时间后，缓慢还原至初试位置。

2. 注意事项：保持背部肌肉绷紧，缓慢可控制的重复拉伸。

3. 练习肌群：斜方肌、菱形肌、三角肌、胸大肌。

四、屈膝抗阻向前划臂

1. 练习方法：将弹力带中部固定于练习者后方地面，练习者屈膝微蹲，两手抓握手柄，由身体两侧缓慢向前上方划臂，做半圆运动，直至两臂贴于身体两侧。

2. 注意事项：练习者躯干保持正直，动作缓慢。

3. 练习肌群：斜方肌、三角肌、肱二头肌、肱三头肌。

五、半蹲横向移动

1. 练习方法：双脚开立与肩同宽，将带状弹力带套住两踝关节，双腿微曲，右腿向左发力蹬地同时左腿向左侧移动，保持两脚间距与肩同宽。重复动作，右侧亦同。

2. 注意事项：移动时上体保持正直，重心不要左右晃动。

3. 练习肌群：臀大肌、股四头肌。

六、半蹲前后移动

1. 练习方法：双脚开立与肩同宽，将带状弹力带套住两踝关节，双腿微曲，双脚依次向前移动。

2. 注意事项：移动时上体保持正直，重心不要上下晃动。

3. 练习肌群：臀大肌、股四头肌。

七、半蹲横向蹬伸移动

1. 练习方法：将弹力带固定在腰部，同伴或教练在右侧拉紧弹力带，练习者上体保持正直，双脚开立与肩同宽，右腿向左侧发力，同时左腿向左抗阻跨步，双臂配合摆动。

2. 注意事项：移动时上体保持正直，重心不要转动。

3. 练习肌群：股四头肌、股外侧肌、臀大肌、腓骨长肌。

八、快速单腿摆腿牵拉

1. 练习方法：保持躯干固定，背部肌肉在整个阶段过程中都得绷紧。小腿前摆动作要快速，爆发式完成。还原动作过程要缓慢，重复牵拉。

2. 注意事项：上体保持正直。

3. 练习肌群：臀大肌、股四头肌。

九、单腿弯曲蹬伸牵拉

1. 练习方法：保持躯干固定，背部肌肉在整个阶段过程中都得绷紧。小腿蹬伸动作要快速，爆发式完成。还原动作过程要缓慢，重复牵拉。

2. 注意事项：保持躯干固定。

3. 练习肌群：臀大肌、股四头肌。

十、上体悬空双臂直臂前摆

1. 练习方法：弹力带固定于双膝下方，上体前倾双手撑于垫上，弹力带环绕于双手手掌间并成紧绷状态。双臂保持直臂缓慢向前上方摆动至最大幅度，然后缓慢还原至开始姿势。

2. 注意事项：上体始终保持悬空状态，教练员压住运动员的双脚给予一定的辅助。

3. 练习肌群：背阔肌、三角肌、肱三头肌。

十一、侧桥单臂侧平拉

1. 练习方法：单臂支撑于地面成侧桥状态，弹力带分别套在双手手掌中，从双手拇指尖绕过。左臂保持直臂向侧上方平拉，直至与肩横轴成一条直线，然后缓慢还原至开始姿势。

2. 注意事项：身体从头到脚要成一条直线，腰部不能下塌，上体保持稳定。

3. 练习肌群：胸大肌、冈下肌、三角肌。

十二、侧桥向上摆腿

1. 练习方法：单臂支撑于地面成侧桥状态，双腿保持直腿，单腿直腿缓慢向上摆动，然后缓慢还原至开始姿势。

2. 注意事项：摆腿时支撑腿不要向上摆动，髋部与双腿不要下塌，头部与身体保持一条直线，目视前方。

3. 练习肌群：腓骨长肌、髂腰肌、股四头肌。

十三、双腿悬空仰卧收腹

1. 练习方法：身体仰卧在训练垫上，大腿分别与小腿和髋部保持90°悬于空中。弹力带环绕于双手手臂与背部，身体缓慢向上收腹直至个人最大幅度，然后缓慢还原至开始姿势。

2. 注意事项：收腹时双臂始终保持直臂状态，弹力带始终成紧绷状态，双腿始终保持悬空不动。

3. 练习肌群：腹直肌、背阔肌。

十四、土耳其站立

1. 练习方法：在半站立中，单臂支撑，做屈腿臀桥或提髋动作。

2. 注意事项：臀桥或提髋动作做充分。

3. 练习肌群：腹外斜肌、臀大肌、腹直肌、股四头肌。

十五、两点支撑异侧抬起

1. 练习方法：双手双膝支撑于地面，掌尖向前，弹力带分别绑在异侧脚踝和手腕上，单腿缓慢做向后蹬伸动作，直至蹬直，然后缓慢还原至开始姿势。

2. 注意事项：大腿分别与髋部和小腿保持 90°。

3. 练习肌群：臀大肌、指长伸肌腱、肱二头肌、半腱肌。

第六节　冰雪项目身体运动功能锻炼——瑞士球组合训练

瑞士球核心力量性训练，是利用瑞士球圆形、不稳定性的特点，在球上进行一系列的核心力量练习。通过调动人体每块肌肉参与运动，尤其躯干、脊柱周围大小肌群同时参与运动，以达到锻炼核心区域力量及稳定性，平衡控制能力等目的。瑞士球核心力量稳定性训练与不同专项技术相结合，能有效地提高本体感受技能和对专项技术的本体感觉记忆，很好的体验专项技术，代入到实际技术训练中使专项技术得到有效提高。有时专项技术的一些训练也需要借助瑞士球核心力量训练来实现。瑞士球核心稳定性训练与其他训练手段相结合可以有效提高专项技能，进行积极有效的热身和小肌肉群的深层激活，能有效预防运动损伤，发展运动员各项身体素质，也被广泛用于康复训练中。

冰雪运动对核心力量、稳定和平衡技能以及动作控制能力要求较高，所以瑞士球核心力量、稳定性训练与专项结合训练也是很有必要和有效的。

一、跪姿抬臂

1. 练习方法：屈膝跪于瑞士球上，上体保持直立，两眼平视前方，调整身体姿势保持平衡。两臂向前上方摆，打开向两侧摆。

2. 注意事项：保持躯干稳定性。

3. 练习肌群：腹直肌，腹内、外斜肌，腰方肌，竖脊肌。

二、俯卧手撑收双腿

1. 练习方法：双手撑于垫子上，双脚置于球上，脚背贴于球上呈俯卧姿势，身体呈直线。收腹拉球于腹部最大位置，还原成开始姿势。

2. 注意事项：身体保持稳定，臀部不要抬起。

3. 练习肌群：腹直肌，三角肌，臀大肌，肱二头肌。

三、肘撑球上后抬腿

1. 练习方法：曲肘撑在球上，身体保持一条直线，保持身体平稳。左脚支撑，右脚向上抬起，还原支撑，换左脚抬起。

2. 注意事项：腹部紧收，身体绷直。

3. 练习肌群：背肌，臀大肌，腘绳肌，腰大肌。

四、手撑球俯卧撑

1. 练习方法：双臂伸直撑于球上，身体呈直线，做俯卧撑。

2. 注意事项：背部紧张，身体成直线，保持身体稳定。

3. 练习肌群：胸大肌，三角肌，腹直肌，腹横肌，腹内、外斜肌。

五、俯卧撑于球上同时收腿

1. 练习方法：双手撑垫子，双脚脚背撑于球上。做俯卧撑同时，单腿支撑，一条腿内收。

2. 注意事项：俯卧撑同时收腿，保持核心稳定性。

3. 练习肌群：胸大肌，肱二头肌，股直肌，股内、外侧肌。

六、仰卧挺髋收腿

1. 练习方法：仰卧，双脚置于球上，两手放在体侧。两腿弯曲，提臀，使大腿与背部成一条直线，同时挺髋。

2. 注意事项：最大幅度收腿，挺髋，保持 2 秒。

3. 练习肌群：股二头肌，半腱肌，半膜肌，臀大肌。

七、侧撑球上抬腿

1. 练习方法：侧身压在球上，同侧手脚支撑地面。另一条腿伸直向前摆动，换一条腿分别练习。

2. 注意事项：支撑的手脚与瑞士球保持一条直线，保持上体平稳，动作连贯。

3. 练习肌群：腹直肌，腹横肌，腹内、外斜肌，竖脊肌。

第七节　冰雪项目身体运动功能锻炼——跳深组合训练

跳深练习是超等长训练中最为典型的训练方法，是在某一高度的固定平面上，无垂直初速度的落下后，接着迅速跳起的一种超等长训练。跳深练习强度变化比较大，下落后的连接动作也可以根据训练任务相应变化，跳深练习已成为发展肌肉快速力量的有效方法，在运动实践中广泛应用。下肢力量在冰雪项目运动中起很主要的作用，运用跳深练习对冰雪运动者进行锻炼，有效增强冰雪运动者对并学技术的掌握和对冰雪器材的控制。

一、背面跃上跳箱

1. 练习方法：背对跳箱，通过空中转体 180°后正面跃上跳箱。

2. 注意事项：在空中保持身体稳定性，跃上跳箱后身体不再有扭转。

3. 练习肌群：臀大肌、背阔肌、腘绳肌。

二、背面旋转跃上跳箱

1. 练习方法：背面面对跳箱，跃上第一个跳箱，跃下第一个跳箱时转体，落地为正面面对跳箱，跃至另一跳箱。

2. 注意事项：跃下旋转时控制身体平衡，着地时间越短越好。

3. 练习肌群：臀大肌、腘绳肌、股二头长头肌。

三、正面多跳箱练习

1. 练习方法：正对跳箱，先跳上低跳箱，跳下后再跳上更高跳箱。

2. 注意事项：减少落地时间，跃至跳箱上后身体直立。

3. 练习肌群：臀大肌、腘绳肌、腹直肌。

四、侧面多跳箱练习

1. 练习方法：侧面对跳箱，跃上第一个跳箱，跃下第一个跳箱时转体，落地为正面面对跳箱，再次旋转后跃至另一跳箱。

2. 注意事项：减少落地时间，跃至跳箱上后身体直立。

3. 练习肌群：臀大肌、腘绳肌。

五、正面多跳箱练习

1. 练习方法：正对跳箱，先跳上低跳箱，跳落时左转体 90°后在跃上高跳箱右转体 90°保持正对前方。

2. 注意事项：减少落地时间，跃至跳箱上后身体直立。

3. 练习肌群：臀大肌、腘绳肌。

六、侧面多跳箱练习

1. 练习方法：侧站与跳箱前，通过 90°转体跳至低跳箱正对跳箱，落下时向另一侧旋转 90°跳上高跳箱。

2. 注意事项：保持身体稳定性，减少落地时间。

3. 练习肌群 ：臀大肌、腹外斜肌、腘绳肌。

七、背面多跳箱练习

1. 练习方法：背向跳箱，通过 180°转体跳至低跳箱上，从跳箱落下时身体转体 90°，跃至高跳箱时再旋转 90°正对前方。

2. 注意事项：保持身体稳定性，减少落地时间。

3. 练习肌群：臀大肌、腘绳肌、腹直肌。

第八节　冰雪项目身体运动功能锻炼——平衡盘组合训练

平衡盘是锻炼平衡能力的专用器材，使用平衡盘的目的使人体在不平衡的状态下进行训练。由于人体在不稳定的状态时，所需要动用的肌肉就会越多，通过肌肉间的相互作用和协调，提高人体的平衡能力。平衡盘的作用有：提高人体的灵活性和平衡性；提高人体本体感觉；预防膝关节和踝关节的损伤范围；提高上下肢肢体的稳定性。由于平衡盘占地小，随时随地都可以进行使用，因此成为了运动员在专业领域的训练中不可或缺的工具。由于冰雪项目在运动过程中，常常处于不稳定状态，因此在平时的训练过程中就要注重加强运动员的平衡性训练，这里将冰雪项目特点与平衡盘训练相结合，提出一些冰雪项目身体运动功能锻炼方法与手段，利用平衡盘的训练提高对冰雪运动员，冰雪参与者的核心稳定性以及动作平衡性，帮助他们更好地参与冰雪项目运动。

一、单腿下蹲

1. 练习方法：双臂前屈伸直平行于地面，左脚踩在平衡盘上，右腿向前抬起保持伸直，支撑腿下蹲至大腿与小腿贴紧后再站起，整个过程保持动作平稳，支撑脚跟不离平衡盘，抬起腿不碰触地面（右脚踩在平衡盘上时，左脚抬起）。

2. 注意事项：保持身体稳定性。

3. 练习肌群：股直肌、股外侧肌、臀大肌。

二、单腿下蹲外伸

1. 练习方法：双臂前屈伸直平行于地面，左脚踩在平衡盘上，支撑腿下蹲至大腿与小腿贴紧后，在平衡盘上单腿下蹲同时右腿向外展开伸直，脚尖轻点地，站立时同时收回。（右脚踩在平衡盘上时，左腿外伸，脚尖点地）。

2. 注意事项：动作缓慢完成，注意保持身体稳定性。

3. 练习肌群：股直肌、股外侧肌、缝匠肌、臀大肌。

三、单腿后伸

1. 练习方法：在平衡盘上左腿站立，右腿后举，上体前倾，两臂侧平举，抬头、挺胸，左腿在平衡盘上膝关节绷直，右腿经后向上逐渐抬起，同时上体下压与地面平行，成后举腿高于头部的腹平衡。右腿后伸使身体平行于地面（右脚踩在平衡盘上时，左腿后伸）。

2. 注意事项：动作缓慢完成，保持身体稳定性。

3. 练习肌群：股直肌、股外侧肌、髂腰肌、臀大肌、阔肌膜张肌。

四、仰卧两腿外展

1. 练习方法：臀部位于平衡盘上，双手轻扶地面，上体与腿呈 135°，双腿向外展开，尽量保持膝部伸直。

2. 注意事项：保证身体稳定性，背部挺直。

3. 练习肌群：股直肌、股外侧肌、股内侧肌、股四头肌、髂腰肌。

五、平衡盘双脚跳跃

1. 练习方法：开始时，两臂展开成预摆姿势站立，半蹲后两臂放下朝后摆动，当两臂再次进行预摆时，双脚跳分别跳至两个平衡盘上并进行缓冲下蹲。

2. 注意事项：落平衡盘上时保持身体稳定。

3. 练习肌群：股直肌、臀大肌、腓肠肌、缝匠肌。

六、平衡盘单脚跳跃

1. 练习方法：开始时，两臂展开成预摆姿势站立，半蹲后两臂放下朝后摆动，当两臂再次进行预摆时，单脚跳至平衡盘上并进行缓冲下蹲。

2. 注意事项：保持身体稳定性，落至平衡盘上注意安全。

3. 练习肌群：股直肌、臀大肌、腓肠肌、缝匠肌。

七、平衡盘侧弓步移动

1. 练习方法：双脚分别放至两个平衡盘上，两个平衡盘距离间隔 1 米，两腿交替做侧弓步，膝盖弯曲约 90°，身体自然下降的同时，保持身体不要前后左右晃动。

2. 注意事项：保持身体稳定性。

3. 练习肌群：股四头肌、髋关节内收肌、比目鱼肌。

八、平衡盘双腿蹲

1. 练习方法：双脚放至两个平衡盘进行上下蹲起，半蹲的角度约 90°，半蹲时两手自然摆动伸直放置于胸前，起来后两手放松且置于体两侧。

2. 注意事项：膝关节不超过脚尖，背部挺直，保持身体稳定性。

3. 练习肌群：股四头肌、臀大肌、臀中肌、股二头肌。

第九节　冰雪项目身体运动功能锻炼——健腹轮组合训练

健腹轮作为一个可以锻炼肌肉、韧带、关节的小型训练推动器，可以通过推拉变换不同的动作方法使身体各部分得到相应的锻炼，还由于其携带方便，使用场地限制较少，锻炼效果明显，深受训练者的青睐。在冰雪运动项目中，较强的平衡核心力量是最为重要的，而健腹轮训练作为核心力量肌群中最有效的训练手段之一，可以有效地提高冰雪运动员的平衡核心力量，从而保证运动员完成动作的质量。健腹轮训练的作用：增强核心力量，提高运动技能水平。减少运动损伤，提高身体运动机能。增加训练手段方法，提高运动员训练兴趣。通过以上对健腹轮训练的了解，以下将对冰雪项目特点与健腹轮训练相结合，提出相应的训练方法手段，对冰雪运动员的核心力量肌群进行有效的训练，使其具备相应的核心力量来应对冰雪运动中的挑战。

一、站姿前推拉

1. 练习方法：站立姿势准备，手持健腹轮双腿直立由双脚前方推出，形成“俯卧双手上举形态”。再由俯卧双手上举形态拉回到站立姿势。

2. 注意事项：形成俯卧双手上举形态时肩、髋、膝、踝在一条直线上，拉回时腰背部不能向下凹，臀部尽量不要翘起。

3. 练习肌群：腰腹肌、背肌、三角肌、前臂、大腿后群肌。

二、跪姿前推拉

1. 练习方法：跪立姿势准备，手持健腹轮双腿前方推出，形成“跪姿俯卧双手上举状态”再由跪姿俯卧双手上举状态拉回到跪立姿势。

2. 注意事项：向前推时，背部成一定弧度，臀部和大腿保持与地面垂直状态，拉回时腰背部不能向下凹，臀部尽量不要翘起。

3. 练习肌群：腰腹肌、背肌、三角肌、前臂。

三、跪姿左右推拉

1. 练习方法：跪立姿势准备，手持健腹轮向左前方推出，直至双臂推直，在拉回到跪立姿势。再向右前方推出，直至双臂推直，在拉回到跪立姿势。

2. 注意事项：向前左右前方推拉时，双腿尽量保持向前，上体不能左右晃动，保持平衡。

3. 练习肌群：腹外斜肌，腹内斜肌，背肌。

四、手撑屈膝弯腰收腿

1. 练习方法：俯卧跪立姿势准备，上肢撑地，脚踩健腹轮屈膝弯腰收放腿。

2. 注意事项：避免过大收腿，造成身体前倾失去平衡。

3. 练习肌群：腰腹肌，肱二头肌。

五、手撑直膝弯腰收腿

1. 练习方法：俯卧跪立姿势准备，上肢撑地，脚踩健腹轮直膝弯腰收放腿。

2. 注意事项：避免过大收腿，造成身体前倾失去平衡。

3. 练习肌群：腰腹肌、肱二头肌。

六、手撑屈膝弯腰侧收腿

1. 练习方法：俯卧跪立姿势准备，上肢撑地，脚踩健腹轮屈膝弯腰左右收放腿。

2. 注意事项：保持身体平衡，防止身体左右摇摆。避免过大收腿，造成身体前倾。

3. 练习肌群：背肌、腹外斜肌、腹内斜肌、肱二头肌。

七、手撑直膝弯腰侧收腿

1. 练习方法：俯卧跪立姿势准备，上肢撑地，脚踩健腹轮直膝弯腰左右收放腿。

2. 注意事项：保持身体平衡，防止身体左右摇摆。避免过大收腿，造成身体前倾。

3. 练习肌群：背肌、腹外斜肌、腹内斜肌、大腿前肌群、肱二头肌。

八、仰卧收腿

1. 练习方法：仰卧姿势准备，脚踩健腹轮，双臂放于体侧，挺髋，进行收放腿。

2. 注意事项：保持身体平衡，防止身体左右摇摆。尽量控制收放腿的力量，防止过大放腿导致不能收腿。

3. 练习肌群：大腿前后肌群、臀大肌、腰腹肌。

第十节　冰雪项目身体运动功能锻炼——药球组合训练

药球是功能最多样化的，可以锻炼几乎身体的所有部位的运动器械。除了加强核心肌群，也能同时增进肌耐力、爆发力、协调性或基础体能，是个男女老少都适合使用的训练工具。弹力佳、材质坚固，药球可以做抛、丢、砸。重量1～10公斤都有，因此也能当作一般的加重球做负重训练。最重要的是，药球能融入各种健身运动，替枯燥乏味的训练增加不少乐趣。在冰雪运动项目中，爆发力是制胜的关键，药球对于爆发力的作用是其他训练所无法做到的。药球训练的作用：增强核心爆发力，提高身体素质。减少运动损伤，提高身体稳定性。融入其他训练，丰富组合训练的手段。因此在冰雪训练中加入药球的训练方法，能更好地开展冰雪项目。

一、两侧后下抛球

1. 练习方法：平行站立位，双手持球向后下方抛球。
2. 注意事项：保持身体稳定状态下进行后下发力抛球。
3. 练习肌群：腹直肌、背阔肌。

二、转体抛球

1. 练习方法：站立向斜前跨步转体抛球。
2. 注意事项：跨步后保持身体稳定下抛球。
3. 练习肌群：腹直肌、背阔肌。

三、弓步转体

1. 练习方法：双手持球，向前做弓步状左右摆球。
2. 注意事项：持球时与地面平行，身体弓步时膝盖不要越过脚尖。
3. 练习肌群：臀大肌、内收肌、缝匠肌。

四、跪姿左右后抛

1. 练习方法：跪姿双手持球，向左向右进行后抛练习。
2. 注意事项：跪姿保持膝盖不要越过脚尖，向后抛球时尽量减少身体扭转。
3. 练习肌群：腹直肌、肱二头肌。

五、斜跨跳后抛球

1. 练习方法：向斜前方跨步跳后，向后方抛球。
2. 注意事项：做动作时保持身体稳定。
3. 练习肌群：臀大肌、肱二头肌。

六、俄罗斯转体

1. 练习方法：坐位，双脚抬起直臂持球左右转体。

2. 注意事项：动作衔接连贯。
3. 练习肌群：腹直肌、背阔肌。

七、跪姿交换跳

1. 练习方法：跪姿双手持球，做交换跳。
2. 注意事项：膝盖不要越过脚尖，保持上体稳定性。
3. 练习肌群：臀大肌、髂腰肌。

八、双手持球摆腿

1. 练习方法：双手持球上摆后蹬，后接向前摆腿。
2. 注意事项：保持身体稳定性。
3. 练习肌群：髂腰肌、腹直肌。

九、转体双手拍球

1. 练习方法：双手持球转体同时大力下拍球。
2. 注意事项：下拍球时注意上身保持稳定，注意弹球安全。
3. 练习肌群：腹直肌、侧腰肌。

参考文献

[1] 肖焕禹. 上海建设国际知名体育城市研究[J]. 体育科研，2010，31(2)：1-6.

[2] 吕拉昌. 全球城市理论与中国的国际城市建设[J]. 地理科学，2010，27(4)：449-453.

[3] Currid，Elizabeth. New York as a Global Creative Hub：A Competitive Analysis of Four Theories on World Cities[J]. Economic Development Quarterly，2006，20(4)：330-350.

[4] 周振华. 世界城市理论与我国现代化国际大都市建设[J]. 经济学动态，2004，12(4)：30-34.

[5] Weed，Mike. Sports Tourism Theory and Method—Concepts，Issues and Epistemologies[J]. European Sport Management Quarterly Sep，2005，12(5)：229-230.

[6] Whitson，Davi. Becoming a World-Clas City：Hallmark Events and Sport Franchises in the Growth Strategies of Western Canadian Cities[J]. Sociology of Sport Journal，1993，10 (3)：221-223.

[7] Herstein，Ram. Much more than sports：sports events as stimuli for city re-branding. [J]. Journal of Business Strategy，2013，34(2)：38-44.

[8] Hallmann，Kirstin. Perceived Destination Image：An Image Model for a Winter Sports Destination and Its Effect on Intention to Revisit[J]. Journal of Travel Research Jan，2015，54(1)：94-106.

[9] 周振华. 世界城市理论与我国现代化国际大都市建设[J]. 经济学动态，2004，12(4)：30-34.

[10] 解艳. 建设中国特色"世界城市"的可行性研究[D]. 上海：东华大学，2014. 5.

[11] 陈婉丽. 基于旅游发展视角的世界城市研究进展与评述[J]. 首都师范大学学报，2017，32(1)：64-70.

[12] 尹晨辉. 世界城市视野下北京公民道德建设研究[D]. 北京：中国地质大学，2011. 5.

[13] 王玺. 世界城市建设视野下的北京经济开放水平研究[D]. 北京：首都经济贸易大学，2011. 5.

[14] 张丽梅，洪再生，师武军，等. 天津参与北京世界城市建设的战略建议[J]. 城市规划，2014，38(8)：9-13.

[15] 魏开锋. 建设中关村国家自主创新示范区，推动北京世界城市建设[N]. 中国高新技术产业导报，2010-7-21.

[16] 祝尔娟. 世界城市建设与区域发展[J]. 现代城市研究，2011(11)：76-80，85.

[17] 朱竞若，王明浩，余荣华. 北京交通治堵方案公布[J]. 城市轨道交通研究，2011，30(1)：72-74.

[18] 刘敬民. 北京中国特色世界城市和国际体育中心城市建设[J]. 体育文化导刊，2011(4)：1-3.

[19] 李华香. 世界城市建设的比较与反思[J]. 山东师范大学学报，2012，32(1)：115-123.

[20] 周学政，曲莉. 体育在北京建设世界城市过程中的作用[J]. 前线，2015(2)：99-101.

[21] 刘伟. 北京打造国际化体育中心城市[J]. 体育波澜，2003(12)：22-25.

[22] 鲍明晓. 北京建设国际体育中心城市的相关理论问题研究[J]. 上海体育学院学报，2010，34(2)：4-10.

[23] 王昕昕. 世界城市建设背景下的北京体育赛事发展研究[D]. 北京：北京体育大学，2012. 5.

[24] 和立新. 体育赛事与体育旅游互动视角下北京、上海国际体育中心城市构建研究[R]. 北京：全国哲学社会科学规划办公室，2013-02-16.

[25] 和立新，姚路嘉. 基于潜变量发展模型的国际体育中心城市构建研究——以北京、上海体育旅游与体育赛事互动为视角[J]. 北京体育大学学报，2016，39(12)45-48.

[26] 易建东. 国际体育中心城市：大气京城 VS 先锋上海[N]. 体坛周报，2006-03-31.

[27] 宋忠良. 北京建设国际体育中心城市面临的挑战[J]. 城市建设理论研究，2013(29)：11-16.

[28] 宋忠良. 国际体育中心城市评价指标体系理论与实证研究[D]. 福建：福建师范大学，2012. 6.

[29] 陈林化，王跃，李荣，曰，等. 国际体育城市评价指标体系的构建研究[J]. 体育科学，2014，34(6)：34-41.

[30] 唐文兵，姜传银. 中外体育城市评价的对比研究[J]. 武汉体育学院学报，2014，48(5)：26-30.

[31] 杨国威. 北京打造国际化体育中心城市[J]. 体育波澜，2003(10)：22-25.

[32] 兴忠，华山，彦席. 向国际化体育中心城市冲刺[J]. 北京支部生活，2003(11)：40-47.

[33] 李颖川. 北京建设国际体育中心城市的研究[J]. 环球体育市场，2010(6)：10-12.

[34] 张远. 服务首都经济，提升体育产业发展能力，加快北京国际化体育中心城市建设[J]. 环球体育市场，2010(6)：52-53.

[35] 王会寨，卢石. 推动体育产业发展，助力文化之都建设[C]. 2011 北京文化论坛——打造先进文化之都培育创新文化论坛文集，2011. 10.

[36] 李学杰. 推动体育文化产业融合发展，加快体育中心城市建设[J]. 北京投资，2012(11)：64-65.

[37] 杨文茹. 大型体育赛事与体育旅游互动对北京建设国际体育中心城市推动研究[D]. 合肥：安徽师范大学，2014. 6.

[38] 王晓微，于静，邱招义. 奥运场馆赛后利用对北京建设世界体育中心城市影响的研究[J]. 北京体育大学学报，2014，37(11)：43-48.

[39] 孙海光. 城市副中心体育规划编制完成 市体育局副局长率工作组进驻通州[N]. 新京报，2017-02-16.

[40] Fngly Ahe，Chaiken S. Winer Olympic Committee chemischen und biologischen Bekämpfungsmaßnahmen of die Befallsentwicklung von Rübennematoden and den Zuckerrübenertrag[J]. Michae Michael Arndt，Gesunde Pflanzen，2002(4)：123-126.

[41] Aaker d，kunar. Winer Olympic International Policy-making in sport[J]. International Review for the Sociology of Sport，2004(42)：53-56.

[42] Friedmann. J. Winer Olympic International Games in Salt Lake is CtyEffekte moderner Verfahren der Bodenbewirtschaftung auf die Aktivität epigäischer Raubarthropoden [J]. Christa Volkmar；Marita Lübke-Al Hussein，2003(2)：65-68.

[43] Cursoy. D. Reseearch on International Winer Olympic City Constructing. Marketing Report torino 2006[EB/OL]. http：//www. olympic. org. 2009.

[44] Rtichie，A. International Olympic Committee. 2002 Marketing Fact File [EB/OL]. http：//www. olympic. org. 2002.

[45] L. Thrston. International Olympic Committee for Host City Contract [EB/OL]. http：//www. olympic. org. 2011.

[46] John Friedmam. Host City Contract for the XXI Olympic Winter Games in the Year 2010[EB/OL]. http：//www. olympic. org. 2014.

[47] Mogridge M J H. Research on Winter Olympic City in the Year 2010[EB/OL]. http：//www. olympic. org. 2016.（第一章）

[48] Ivy. 冬奥会点燃绿色经济[J]. 绿色中国，2014(5)：10-12.

[49] Christin L. Grahl. Winter Olympinc International City Development [J]. Michae Michael Arndt，Gesunde Pflanzen，2002(4)：241-245.

[50] Robert A. Winter Olympic International City Research [M]. MeGraW-hill，2003：324-327.

[51] Enjolras，Waldahl. Research of Winter Olympic International Development in sport [J]. International Review for the Sociology of Sport，2007(42)：21-23.

[52] 张敏. 北京举办冬季奥运会的影响及办赛策略研究[J]. 安徽体育科技，2016(2)：28-31.

[53] 易剑东. 数据解密冬奥会申办瑞士小城举办次数最多[N]. 中国体育报，2015-10-15.
[54] 孙欢欢. 北京冬奥运会的经济价值分析[J]. 产业与科技论坛，2016(3)：15-19.
[55] 刘亚琼. 韩国江原道大力推进 2018 平昌冬奥会特区民间投资项目[EB/OL]. http：//news. eastday. com/eastday/13news/auto/news/world/20151228/u7ai5120097.
[56] 国家旅游局. 韩国江原道：旅游融合发展有“道”[N]. 经济日报，2011-10-08.
[57] 程晓多. 索契冬奥会场馆建设及其赛后利用模式研究[J]. 俄罗斯中亚东欧市场，2010(7)：8-14.
[58] 薛福岐. 2014 年索契冬奥会：俄罗斯需要成功故事[J]. 当代世界，2014(3)：5-7.
[59] Robert Baade and Victor Matheson. Going for the Gold：The Economics of the Olympics Journal of Economic Perspectives[J]. Int J Hospit Tourism Admin，2016，30(2)：201-218.
[60] 焦亮亮，张玉超，张倩. 2022 年冬奥会对我国举办城市经济发展的影响[J]. 湖北体育科技，2016(4)：15-18.
[61] 贾庆林. 北京市政府工作报告[N]. 北京日报，2003-02-31.
[62] 中共北京市委和北京市人民政府. 关于加强新时期体育工作建设国际化体育中心城市的意见[N] 北京日报，2003-07-16.
[63] 王岐山. 2004 年北京市政府工作报告[N]北京日报，2004-02-16.
[64] 国务院. 关于北京城市总体规划(2004—2020 年)的批复. [N]北京经济日报，2005-01-27.
[65] 中共北京市委和北京市人民政府. 关于加快促进体育产业发展的若干意见[N]. 中国体育报，2007-05-15.
[66] 鲍明晓. 北京建设国际体育中心城市的相关理论问题研究[J]. 上海体育学院学报，2010，34(2)：4-10.
[67] 北京市委和市政府发布的关于促进体育产业发展的若干意见[N]. 中国体育报，2010-06-12.
[68] 北京市国民经济和社会发展十二个五年规划纲要[R]. 中华人民共和国国务院公报，2010. 3.
[69] 北京市委和市政府. 关于加快发展体育产业的实施意见[N]. 中国体育报，2012-06-15.
[70] 王安顺. 北京市政府工作报告[N]. 北京日报，2013-02-18.
[71] 王安顺. 北京市政府工作报[N]. 北京日报，2014-01-25.
[72] 北京市体育局. 关于制订 2017 年北京市举办体育竞赛活动计划的通知[EB/OL]http：//sports. sohu. com/20161114/n473130616. shtml.
[73] 北京市政府办公厅. 关于提高北京城市副中心管理水平的意见[N]. 北京日报，2017-02-06.
[74] 白金凤;江涛. 2022 北京-张家口冬奥会的经济效益展望及其现实解析——基于体育产业发展视角[J]. 南京体育学院学报(社会科学版)，2016(12)：15-19.
[75] 北京市人民政府. 关于加快发展体育产业促进体育消费的实施意见[N]. 北京日报，2016-07-09.
[76] 安景文，刘颖. 文化创意产业细分行业发展效率异质性实证研究——以北京市为例[J]. 北京社会科学，2015，37(5)：17-25.
[77] 刘丽. 北京市体育生活化社区建设现状研究[D]. 北京：首都体育学院，2009. 6.
[78] 吴东. 北京体育生活化社区“十二五”期间将全部达标[N]. 北京日报，2012-03-24.
[79] 北京市政府. 北京全民健身实施计划(2016—2020 年)[N]. 中国体育报，2017-01-02.
[80] 北京市国民经济和社会发展十二个五年规划纲要[R]. 中华人民共和国国务院公报，2010. 3.(第二章)
[81] 李德川. 价值轮[M]. 北京：中国人民大学出版社，1987：13-14.
[82] 王传友. 北京奥运会价值研究[D]. 江苏：苏州大学，2010-09-12.
[83] 薛福岐. 2014 年索契冬奥会：俄罗斯需要成功故事[J]. 当代世界，2014(3)：5-7.
[84] 杨强. 冰雪旅游产业融合发展的动力与路径机制[J]. 体育学刊，2016，23(4)：23-28.
[85] 陈麦池. 中国冰雪体育旅游的创意开发模式与产业升级路径研究[J]. 中国发展，2016，16(2)：25-26.
[86] 张欣，牟维珍. 冰雪旅游产业与边疆经济与文化产业融合发展探索[J]. 2013(5)：10-12.
[87] 王飞. 冰雪旅游业治理结构与运行机制研究[J]. 北京体育大学学报 2016，39(6)：32-35.
[88] 赵敏燕，朱少卿，李宇. 基于事件旅游效应理论的张家口冬奥城市发展研究[J]. 城市发展研究，2015(8)：105-109.
[89] 罗冉峰.《2016 中国滑雪产业白皮书》发布：全国 646 家滑雪场[EB/OL]. [2012-02-16].
[90] 白林. 2022 年冬奥会的蝴蝶效应：冰雪产业发展迎机遇[EB/OL]. [2016-03-14].
[91] 黄兆媛，臧德喜，蒋艳杰. “外来因子”激活中国冰雪旅游产业的分析与探究[J]. 沈阳体育学院学报 2010，29(2)：22-24.
[92] 陈麦池. 中国冰雪体育旅游的创意开发模式与产业升级路径研究[J]. 中国发展，2016，16(2)：25-26.
[93] 张玉超. 上海建设国际一流体育大都市发展战略研究[J]. 南京体育学院学报：社会科学版，2012(1)：50-54.
[94] 和立新，姚路嘉. 北京国际体育中心城市与世界城市融合研究[J]. 山东体育学院学报，2017，39(12)45-48.